Marco Tullio Cicerone

De Consulatu suo

(Storia del mio Consolato)

a cura di
Mirko Rizzotto

Con testo latino e versione italiana

Prima edizione italiana integrale

pe
Primiceri Editore

2022 Tutti i diritti riservati
Finito di stampare nel mese di febbraio 2022
presso Rotomail Italia Spa – Vignate (MI)
per conto di Primiceri Editore Srls
Via Savonarola 217, 35137 Padova
Prima Edizione
ISBN 978-88-3300-279-8
www.primicerieditore.it
Traduzione di Mirko Rizzotto
Illustrazione di copertina: © Ivan Zoni, 2022

Introduzione

Per Cicerone l'evento più importante della propria carriera nonché il culmine della sua attività politica era costituito senz'altro dal ruolo che rivestì, in veste di console, massima carica dello stato repubblicano romano, nello sventare il colpo di stato ideato dal nobile decaduto Lucio Sergio Catilina e dai suoi accoliti, impresa per la quale ricevette il titolo di *Pater Patriae* ("Padre della patria"), del quale si gloriò con fierezza per tutta la vita. Ancora verso la fine della propria esistenza, un giovanissimo Ottaviano ne solleticherà l'orgoglio esortandolo a schierarsi con lui per salvare ancora una volta Roma in pericolo e richiamandosi a quell'episodio risalente ormai a quasi vent'anni addietro[1].

A quell'evento – oltre alle orazioni *In Catilinam*, giunteci essenzialmente complete – Cicerone dedicò altri tre scritti, a distanza di vario tempo: il *De Consulatu suo*, un poema in latino composto a breve distanza cronologica dai fatti ivi narrati; il *Commentarium consulatus mei*, testo storiografico in lingua greca, rivolto ad un pubblico colto ellenistico, al fine di far conoscere le proprie imprese anche nel lontano Oriente grecofono; i *Consilia*, pamphlet politico composto dopo la morte di Crasso e di Cesare al fine di giustificare la propria condotta nel corso di quell'emergenza senza precedenti (e che, per aver fatto giustiziare dei cittadini romani senza un giusto appello al popolo, gli era valsa l'esilio ad opera del tribuno della plebe Clodio).

Si offre qui, per la prima volta al lettore italiano, la traduzione dei frammenti di queste tre opere, sfortunatamente perdute, ma che lasciarono comunque non poche impronte nella tradizione indiretta, e che ci permettono di intravedere un Cicerone inedito, poeta, storico e polemista, che non sempre la sua restante produzione scritta permette di farci conoscere.

Il *De Consulatu suo* ("Sul mio consolato") è

---

[1]W. STROH, *Cicerone*, Il Mulino, Bologna 2010, pp. 120-121.

sostanzialmente un poema autobiografico, composto da Cicerone tra il 60 a.C. e il 55 a.C., durante il suo periodo di esilio. Infatti, come accennato poc'anzi, Cicerone, dopo aver sventato la congiura ordita da Catilina per ottenere con la violenza il supremo potere consolare – negatogli con ostinazione dalle varie sconfitte elettorali – aveva fatto giustiziare senza processo regolare tutti gli altri congiurati, *in primis* i nobili Lentulo e Cetego, fatto per cui fu in seguito esiliato (e solo in un secondo momento graziato e richiamato per intercessione di Pompeo Magno e di Cesare).

Seppure perduto nella sua struttura originaria, ci sono pervenuti lunghi frammenti di questo poema storico-epico, essenzialmente grazie a Cicerone stesso, che ne ha citato un ampio estratto nel suo *De divinatione*.

Nel piano originale dell'Arpinate, il poema avrebbe dovuto essere scritto da altri personaggi di elevato spessore culturale nonché di lingua greca, come il poeta Aulo Licinio Archia o il filosofo-storico Posidonio di Apamea; tuttavia, – vistosi opporre da costoro un netto rifiuto – Cicerone si rassegnò a cimentarsi nell'agognato poema celebrativo in prima persona.

Il *De Consulatu suo*, suddiviso in tre libri, esaltava e commemorava le imprese politiche condotte dall'Autore all'inizio del proprio consolato, ponendo il proprio *focus* sulla sventata congiura di Catilina, di cui sottolineava (non del tutto a torto) la pericolosità e la potenzialmente distruttiva carica eversiva.

Nel I libro Cicerone narrava della sua elezione al consolato nel 64 a.C., apice del proprio *cursus honorum*. In precedenza era stato già eletto pretore e propretore, con alle spalle una non disprezzabile carriera oratoria, nel corso della quale aveva pubblicato e tenuto una lunga serie di orazioni.

Dopo i rituali celebrati sul monte Albano, coperto dalla neve di un freddo inverno (i consoli entravano in carica il 1° gennaio di ogni anno) e la visione di alcuni prodigi, preannuncianti la cospirazione catilinaria, Cicerone torna a

Roma e tiene il suo discorso *De lege agraria* ("Sulla legge agraria"), contro la proposta di legge presentata dal tribuno della plebe Servilio Rullo. La proposta del politico popolare, tesa a migliorare la condizione della bassa plebe e dei contadini, fu disapprovata da Cicerone, che auspicava invece lo stabilirsi della sua tanto carezzata *concordia ordinum*, un patto tra i migliori e più volenterosi cittadini in grado non tanto di esacerbare, quanto piuttosto di far collaborare proficuamente le varie classi sociali a beneficio della Repubblica. Da qui Cicerone introduce il *vilain* del poema, il truce Catilina.

Nel II libro, infatti, Cicerone riassume in un numero relativamente limitato di versi l'intera congiura di Catilina, adoperando probabilmente la tecnica del *flashback* (ripresa dall'*Odissea* di Omero e dalla sua traduzione latina, l'*Odusia*, ad opera di Livio Andronico). Prima del 63 a.C. Catilina era stato processato per vari tentativi di assunzione illegale del potere, malversazione nella provincia d'Africa e corruzione; Cicerone scava anche nel suo torbido passato personale, fatto di omicidi, amori snaturati e persino l'uccisione di un figlio ancora bambino, mescolando volutamente mezze verità a fatti conclamati e a calunnie.

Nel corso della seduta senatoria dell'8 novembre del 63 a.C., nel corso della quale pronunciò la *I Catilinaria*, Cicerone aveva dimostrato di essere un maestro di retorica: con un veloce giro di frasi aveva catturato l'attenzione dell'uditorio dei padri coscritti, portando la tensione ai limiti della rottura. Come ben rammenta Pietro Zullino, «abbandonò di colpo il linguaggio parlamentare (...) e adottò quello forense, ben più selvaggio e scarnificatore. Il console lasciava il posto all'avvocato penalista e Catilina, da brigante politico, era declassato a criminale comune. In quei minuti nacque, per la Storia, l'immagine della belva umana, del mostro sanguinario, che è pervenuto attraverso i secoli fino a noi e che è da considerarsi sostanzialmente bugiarda»[2].

Era dunque in primo luogo la cospirazione che Catilina aveva ordito assieme ad alcuni "giovani bene" dell'aristocrazia romana ad occupare la parte più consistente del libro. In essa Catilina veniva rappresentato come una sorta di traditore dello Stato, un parricida senza scrupoli che non avrebbe esitato un attimo a mettere a ferro e fuoco l'Urbe pur di impadronirsi del potere supremo, spalleggiato da forze oscure che aleggiano sempre sinistramente alle spalle dell'aspirante tiranno. Quest'ultimo, spinto con le spalle al muro dall'incalzante eloquenza dell'Arpinate, è costretto ad abbandonare Roma e a rifugiarsi fra le bande armate dei suoi accoliti radunati in Etruria, a Fiesole.

Nel III libro, ovvero nell'ultima sezione del *De consulatu suo*, Cicerone si immerge nella narrazione del tumultuoso processo ai complici catilinari Lentulo e Cetego. Egli, presiedendo la movimentata seduta del Senato chiamata ad occuparsi della spinosa questione, non seguì le regole della legge romana, ossia la *provocatio ad populum* ("appello al popolo") in cui anche i rappresentanti delle tribù popolari romane dovevano ascoltare la perorazione degli imputati e deciderne la sorte ultima. Egli ignorò l'appello alla moderazione di Giulio Cesare e seguì il parere di Catone, cosicché ordinò di strangolare in carcere i due congiurati ed i loro tre seguaci minori.

Con la sconfitta e la morte di Catilina a Fiesole, ad opera delle truppe dell'altro console, Caio Antonio Ibrida, si chiude la narrazione del poema.

I critici moderni, condividendo il giudizio degli antichi, non hanno in genere una buona opinione – stilisticamente parlando – del *De consulatu suo*: essi affermano che Cicerone, pur essendo sia un buon traduttore latino dei poemi greci altrui, sia un grande oratore, si riveli però un mediocre versificatore originale. Tale severo giudizio è, secondo noi, in parte da

---

[2]P. Zullino, *Catilina. L'inventore del colpo di Stato*, Rizzoli, Milano 1985, p. 134.

rivedere. Lo stile dell'opera (a quanto si può giudicare dai frammenti conservati) è spesso ricco di termini ricercati e di periodi a prima vista ridondanti, ma la cosa è del tutto spiegabile, dato che Cicerone colloca volutamente il suo periodo di consolato in un'atmosfera fantastica, mitologica e idilliaca. La scena in cui Cicerone ascende sulla vetta del monte Albano per compiervi i riti di insediamento connessi alla sua entrata in carica è davvero suggestiva, così come la descrizione della vetta cosparsa di neve e dei prodigi o fenomeni aerei che egli ha modo di vedere nel cielo. In quest'ottica anche la narrazione di Giove che, pur di preavvisare i Romani del pericolo dell'imminente congiura, non esita a colpire con una saetta il proprio tempio sul Campidoglio, causando un immane incendio, in cui la stessa scultura bronzea della lupa capitolina perisce tra le fiamme, liquefacendosi, è di grande impatto e, obiettivamente, di godibile fruizione persino agli occhi di un lettore moderno, in grado di creare il giusto *climax* e una ben dosata *suspance*.

I frammenti in nostro possesso si aprono con una scena ad effetto: Terenzia, volitiva ed energica moglie di Cicerone, sta compiendo con le ancelle un sacrificio agli dèi, allorché – senza alcun preavviso – una fiammata scaturisce dalle ceneri ormai fredde poste sull'altare, mostrandole, attraverso una vera e propria visione dovuta alla piromanzia, alcune scene del prossimo futuro, in cui Roma soccomberà alla rovina progettata da Catilina se qualcuno non si assumerà l'incarico di salvarla.

È interessante notare il ruolo centrale che Cicerone assegna a questa particolare pratica mantica e divinatoria: la piromanzia. Essa era una tecnica di divinazione molto utilizzata nell'Antichità, consistente nella lettura del futuro per mezzo del fuoco, fonte di ispirazione per indovini e maghi per via dello stato d'animo alterato che la concentrazione sul suo guizzare poteva infondere. I popoli primitivi d'Europa (e non solo) vedevano infatti nel fuoco una sorta di divinità presso cui era possibile avere delle anticipazioni del futuro. Con il trascorrere dei secoli la piromanzia andò affinandosi fino a che non si codificarono dei veri e propri rituali. Un metodo, molto utilizzato, per esempio, consisteva nel leggere le immagini che apparivano tra le fiamme [3] ; il legno ovviamente doveva avere una stagionatura giusta, perché si credeva che l'umidità del legno bloccasse la via al cuore dello stesso; in più il fuoco doveva avere un aspetto vivo e rigoglioso.

Nel secondo, lunghissimo frammento, i prodigi si moltiplicano: oltre al già citato incendio del Campidoglio, Cicerone stesso – asceso, come si raccontava, sul monte Albano per espletarvi dei riti in occasione delle Ferie Latine - assiste a diversi fenomeni celesti: in primo luogo un proliferare di comete, annunciatrici di disastri, dopodiché oggetti volanti fiammeggianti, simili a colonne infuocate che solcano il cielo.

A proposito di quest'ultimo fenomeno vale la pena spendere alcune parole, relative al punto di vista di non pochi lettori (e studiosi) contemporanei: dopo la morte di Giulio Cesare, suo nipote nonché figlio adottivo ed erede Ottaviano, osservò, assieme al popolo assiepato per la celebrazione dei giuochi in onore del dittatore defunto, tenutisi fra il 20 ed il 30 luglio del 44 a.C., una cometa, definita con il termine di *sidus*[4]. Si ritenne che tale cometa – identificata dai moderni astronomi con la cometa C/-43 K1, e che apparve su Roma tra il 23 ed il 25 luglio del 44 a.C.[5] – fosse un segno visibile che l'anima del grande condottiero fosse ascesa al cielo, assunta ed equiparata agli dèi.

Ora, il fenomeno descritto da Cicerone è molto diverso da una cometa: egli non parla infatti di un *sidus* (elemento che pure

---

[3] Il rituale è mostrato anche in una celebre pellicola hollywoodiana di successo, *Cleopatra* diretta da J.L. Mankiewicz, ed ispirata all'omonimo libro di Franzero, nella scena in cui Cleopatra (interpretata da Liz Taylor) assiste in "presa diretta" all'uccisione di Giulio Cesare (Rex Harrison).

[4] SVETONIO, *Vita del Divo Giulio*, 88, dice che la cometa apparve per sette giorni consecutivi, all'undicesima ora di ciascun giorno; cfr. anche CASSIO DIONE, *Storia Romana*, XLV, 7, 1.

[5] K. SCOTT, *The Sidus Iulium and the Apotheosis of Caesar*, «Classical Philology», 36/3, 1941, pp. 257-272; R.A. GURVAL, *Caesar's Comet: the Politics and Poetics of an Augustean Myth*, «Memoirs of the American Academy in Rome», 42, 1997, pp. 39-71.

ben conosceva), ne di *cometas*, che nomina distintamente poco innanzi, bensì di una «*Phoebi fax* (...) *quae magnum ad columen flammato ardore volabat*». Cosa aveva dunque effettivamente visto nei cieli laziali l'Arpinate? Anche Tito Livio e Plinio il Vecchio parlano di *faces* (fiaccole) luminose apparse in cielo, che richiesero una serie di riti espiativi[6]. In età bizantina anche Giovanni Lido (VI sec. d.C.) parla di «numerose stelle ardenti, a forma di scudo, che attraversarono il cielo da oriente ad occidente»[7].

Il fenomeno ricorda più da vicino quelli descritti da Giulio Ossequente nel suo *Liber prodigiorum*, (17; 23; 45; 53; 54, tanto per citarne qualche passo) nonché, con i dovuti distinguo, la "colonna di fuoco" notturna ricordata dall'*Esodo* e su cui aveva espresso alcune non superficiali considerazioni un noto sacerdote presbiteriano[8].

L'interesse odierno per tali descrizioni antiche, degno di nota, risale già al secondo dopoguerra: nel suo libro del 1953, intitolato *Flying Saucers*, l'astronomo Donald Menzel riportò un curioso avvistamento narrato da Plinio il Vecchio e lo spiegò come un fenomeno naturale; in seguito a ciò, alcuni studiosi ed appassionati hanno cominciato a ricercare nei testi di autori antichi i racconti di strane apparizioni nei cieli, compilando delle liste di tali fenomeni e ritenendoli simili, in alcune loro caratteristiche, alle odierne epifanie degli oggetti volanti non identificati: era nata la moderna clipeologia[9].

Il termine "clipeologia" fu coniato infatti nel 1959

---

[6]TITO LIVIO, *Storia di Roma dalla fondazione*, XXII, 1, 9; XLI, 16, 6; PLINIO IL VECCHIO, *Storia Naturale*, II, 100.

[7]GIOVANNI LIDO, *De Ostentis*, pp. 15-17 ed. Hase.

[8]*ESODO*, 13, 21: «Il Signore marciava alla loro (*scil.* degli Israeliti) testa di giorno con una colonna di nube, per guidarli sulla via da percorrere, e di notte con una *colonna di fuoco* per far loro luce, così che potessero viaggiare giorno e notte.»; B.H. DOWNING, *La Bibbia e i dischi volanti*, Il Cerchio della Luna, Verona 2012, p. 149.

[9] R. STOTHERS, *Unidentified Flying Objects. Classical Antiquity*, «The Classic Journal», 103,1-2007, pp. 79-92.

dall'italiano Umberto Corazzi, che lo fece derivare dalla parola latina *clypeus*, ovvero il nome dello scudo dei legionari romani, in riferimento ai racconti di apparizioni di *clypei ardentes* ("scudi di fuoco") riferiti da vari autori latini. In Italia, in particolare, le idee inerenti alla clipeologia vennero diffuse dalla rivista *Clypeus*, fondata a Torino nel 1964 dal giornalista Gianni Settimo.

Rispetto a qualche anno fa, la presa di posizione del mondo scientifico ufficiale di fronte a testimonianze come quella di Cicerone, di Giulio Ossequente e di Giovanni Lido è abbastanza sfumata: risale infatti al 2021 la desecretazione, da parte dei comandi militari statunitensi, di documenti inerenti la presenza di fenomeni simili a quelli descritti nel *De consulatu suo*, e le concomitanti dichiarazioni dell'ex presidente Obama che, pur ammettendone la realtà, invitano ad una prudenza nel delinearne la natura ultima, pur restando aperti ad ogni eventualità, un atteggiamento razionale che ci sentiamo di sottoscrivere anche per la testimonianza offerta dall'Arpinate[10].

Ma torniamo al poema. Ciò che sembra non riservare sorprese, invece, è l'atteggiamento di Cicerone di fronte a questi segni miracolosi, del tutto in linea con la mentalità religiosa romana arcaica: il prodigio è la spia della rottura dell'equilibrio, del patto fra la comunità degli dèi e quella degli uomini, rottura che preannuncia catastrofi e rovine, in questo caso identificabili con la cospirazione di Catilina e dei suoi accoliti, che vorrebbe rovesciare l'ordine costituito, seminando strage e distruzione. Proprio in quest'ottica Cicerone si propone come l'uomo del destino, colui che, solo, potrà stornare dal capo dell'Urbe l'inaudita minaccia.

Ma è possibile scendere ancora più nel dettaglio; infatti tali prodigi, secondo le interpretazioni degli aruspici etruschi a cui vengono sottoposti, possono essere stornati solo grazie all'erezione di un'alta colonna in cui venga posta una statua di

---

[10] T. Toniutti, *Ufo, parla Obama: "Oggetti volanti non identificati, esistono ma non sappiamo cosa siano"*, La Repubblica, 21/05/2021.

Giove reggente uno scettro e rivolta verso oriente, in direzione del sole che sorge. Tale colonna, tuttavia, verrà eretta con molto ritardo e solo grazie all'intervento dello stesso Cicerone, proprio in concomitanza con il dissolvimento della minaccia costituita dalla congiura di Catilina.

L'interlocutrice principale di Cicerone nel poema (narrato in terza persona) è la musa Urania, figlia di Zeus e di Mnemosine, nonché compagna di Apollo, che sottolinea la facondia dell'Arpinate, la sua predilezione per gli studi e le lettere e, in generale, il benvolere di cui è fatto oggetto dallo stesso re degli dèi, Giove, che lo ammette – onore straordinario per un essere umano – ad assistere al consesso divino. Urania (letteralmente "la Celeste") presiedeva alla poesia astronomica e agli studi di astronomia. Da Apollo ebbe, secondo la mitologia, Lino, il celebre cantore, e da Dioniso Idomeneo; veniva rappresentata coronata di stelle e con in mano un globo[11].

Dopo aver rammentato ciò, vale forse la pena di porsi alcuni quesiti per meglio comprendere il contenuto dei passi superstiti del *De consulatu suo*.

Quali furono dunque gli interessi più reconditi, le motivazioni più cogenti che spinsero l'Arpinate alla commemorazione delle proprie gesta consolari, e per di più in forma poetica? Possiamo individuarne come minimo quattro, almeno fra i principali: 1) il desiderio di lasciare una memoria imperitura delle sue imprese, strappandole all'oblio a cui lo scorrere inesorabile del tempo le avrebbe fatalmente condotte; 2) la necessità di improntare tale narrazione non ad una *simplicitas* letteraria "cesariana", bensì legandola ad uno stile solenne, epico, quasi religioso; 3) il richiamo al mondo divino e sovrasensibile dei presagi e dei portenti, teso a dare una patina di predestinazione alle sue gesta; 4) la volontà di sottolineare il suo

---

[11]P. Acrosso, C. D'Alessio, *Mondo mitologico*, Società Editrice Dante Alighieri, Città di Castello 1988, p. 275; D. Cinti, *Dizionario mitologico*, Sonzogno, Milano 1989, p. 305.

"esserci" in senso heideggerdiano, il proprio "non scorrere via", elemento che si ricollega al primo punto, chiudendo così il cerchio. Ma vediamo questi elementi nel dettaglio.

Nell'incipit della sua *Alessiade*, opera vòlta a perpetuare e glorificare la vita e le guerre di suo padre, l'imperatore Alessio Comneno, la principessa bizantina Anna Comnena scriveva[12]:

Il tempo, trascorrendo irreparabilmente con un corso sempre vigoroso, porta, sconvolge e trascina con sé, vincitore di ogni indugio ed ostacolo, tutte le cose dal momento della loro nascita, e porta all'oblio, senza distinzione, le cose meno meritevoli così come più degne di memoria, sospingendole in un gorgo apportatore di morte; e con volubile ed incostante mutevolezza, come dice la tragedia[13], a volte scioglie dalle tenebre le vicende ignote, a volte vi avviluppa quelle conosciute da tempo. Se non che la Storia, alla stregua di un'imprendibile fortezza, contrasta tale oblio non dico già arrestandone il precipitoso corso, ma certamente impedendo che molte della gesta avvenute in esso cadano nel dimenticatoio; dopo averne scelte, ordinate e scritte pertanto alcune, fa sì che non sprofondino nel gorgo del Lete.

Il brano potrebbe programmaticamente servire da introduzione al *De consulatu suo*, perché esplicita e rende chiaro l'intento ciceroniano: impedire all'inarrestabile flusso del tempo di portare via con sé il ricordo di quanto aveva compiuto, di quanto *doveva* essere preservato nella memoria collettiva dei posteri, affinché servisse ad illustrare un'epoca intera, la sua, segnata da un'impresa senza precedenti o raffronti: era l'unica vòlta in cui la toga era riuscita a superare le armi, in cui le virtù civili erano state in grado di eguagliare quelle militari.

Perché poi optare per una forma aulica, poetica, per un metro eroico, epico? Perché non scegliere un più sobrio

---

[12]ANNA COMNENA, *Alessiade*, Prologo, 1.
[13]Allusione all'*Aiace* di Eschilo.

commentario in prosa sul modello di quelli – di poco successivi – usciti dalla penna di Cesare? Per la necessaria solennità e dignità che meritavano gli eventi narrati, si dirà. Sì, ma non solo. Giocava un ruolo non trascurabile anche il timore di sminuire, nonostante gli sforzi, la portata dell'evento stesso al centro del poema.

Un esempio chiarificatore: nel 1552, l'imperatore Carlo V di Spagna redasse dei *Commentarii* ispirati dichiaratamente a quelli di Giulio Cesare; nonostante i numerosi sforzi letterari e le varie limature, confessò mestamente in apertura d'opera (il corsivo è nostro)[14]:

Questa *Storia* è quella che ho iniziato quando giungemmo qui [navigando] sul Reno, e che terminammo ad Augusta. *Essa non è uscita [dalla mia penna] così come l'avrei voluta*, e Dio sa che non l'ho intrapresa con vanità, e se di essa Egli si sentirà offeso, la mia offesa è più imputabile ad ignoranza che non alla malizia.

Cicerone, pur avendo compiuto il poema in tempi relativamente brevi, desiderava non rivolgersi una simile autocritica, ragion per cui scelse un registro alto, al limite tra l'epico ed il fiabesco, onde avviluppare la storia che intendeva narrare in un alone quasi mistico, che richiedeva necessariamente un metro ed un tono di adeguata solennità.

Il coinvolgimento degli dèi stessi in questa narrazione epica è funzionale alla tensione che pervade il poema ciceroniano: i numi romani, infatti, pur nella loro insondabile alterità, erano coinvolti completamente nella vita quotidiana e in tutte le dinamiche della *civitas*, di cui anzi erano comunemente considerati parte attiva ed integrante[15]. Del resto, va ricordato che i Romani di epoca repubblicana, avendo a che fare con un *pantheon* divino quasi del tutto privo di *fabulae* e di mitologemi

---

[14]CARLO V IMPERATORE, *Commentari*, p. 1 ed. Lettenhove-De Olona.
[15]G.M. CORRIAS, *Dèi e religione dell'antica Roma*, Arkadia, Cagliari 2015, p. 100.

narrativi, ricorrevano volentieri alla cultura ellenica per ritrovare dei miti utili quali strumenti di approccio al numinoso, e Cicerone non faceva eccezione[16].

Tuttavia quel che è centrale per Cicerone è appunto, per dirla con Heidegger, l'*esserci* nella Storia ed il suo farsi pubblico[17]:

Effettività è la denominazione per il carattere di essere del «nostro» «proprio» *esserci*. Più esattamente l'espressione significa: *di volta in volta* questo esserci (fenomeno dello «esser-di-volta-in-volta», ovvero permanere, non scorrer via, dappresso, esserci), nella misura in cui esso, «conformemente all'essere» nel suo carattere di essere, «ci» è.

Conservare quindi una vivida memoria del proprio operato per riproporlo a contemporanei e posteri, rappresentava innanzitutto il modo più alto dell'autoconservarsi, ovvero tramite la trattazione storiografica. Qui Cicerone si fa però più vicino alle istanze di una Anna Comnena, che non a quelle di un politico contemporaneo, quale ad esempio il leader socialista Pietro Nenni. Nelle sue memorie quest'ultimo si accontentava, molto modestamente, di rappresentarsi quale comune spettatore di eventi straordinari, non pensando di porsi al centro dell'azione, come pure avrebbe in parte potuto[18]:

Le mie personali vicende sono quelle di un uomo di poco peso; esse mancano di quel carattere di grandiosità e di eccezionalità che fanno l'interesse delle autobiografie. Ma nella loro rassomiglianza con le vicende di molti altri militanti che hanno

---

[16]G.M. Corrias, *Gli Dèi di Roma antica*, Uno Editori, Orbassano (Torino) 2017, pp. 50-51; *contra*, G. Dumézil, *La religione romana arcaica*, Rizzoli, Milano 2017, pp. 57-73, che pensa ad una perdita della mitologia autoctona romana in età storica.

[17]M. Heidegger, *Ontologia. Ermeneutica della effettività*, Guida Editori, Napoli 1998[2], p. 17.

[18]P. Nenni, *Vent'anni di Fascismo*, Edizioni Avanti!, Milano 1964, p. 167.

occupato posti di direzione nel movimento politico è, mi pare, il loro interesse. Narrandole io apro uno spiraglio sull'intimo travaglio di una generazione.

Nulla di più lontano, quindi, dalla centralità del Cicerone-personaggio nel poema, che diviene motore della vicenda ed eroe al tempo stesso, colui a cui gli dèi hanno affidato l'immane compito di salvare Roma dalla distruzione di un folle ambizioso come Catilina. Paradossalmente il sentire interiore dell'Arpinate è più vicino all'inconfessata paura di non essere ricordato celebrata da un cantautore moderno quale il premio Nobel Bob Dylan, che nella sua canzone del 1963, *Only a hobo* (*Soltanto un vagabondo*) osserva[19]:

Quanto coraggio ci vuole/ per vedere la propria vita in rovina/ per guardare in alto verso il mondo/ da un buco nella terra/ per attendere il proprio futuro/ come un cavallo azzoppato/ per giacere nella fogna/ e morire senza nome.

Non c'è da stupirsi di tale comunanza di vedute: in fin dei conti Cicerone tratta una tematica, l'eternità, che è cara agli esseri umani di tutte le epoche, e verso cui condividiamo interesse e preoccupazioni.

*
* *

Le *Memorie greche sul mio consolato* facevano parte – come si accennava – di quel ciclo (mai completato) di opere che Cicerone aveva pianificato di redigere intorno al momento storicamente cruciale della propria investitura a console.

---

[19]B. DYLAN, *Canzoni d'amore e di protesta*, a cura di S. Rizzo, Newton Compton, Roma 1972, pp. 50-53.

Il poema latino *De consulatu suo* era già stato portato a termine, per così dire, quasi in "presa diretta" agli eventi narrati, ossia alla fine del 63 a.C.[20]. Contemporaneamente egli si cimentò nella composizione di alcune *Memorie latine sul mio consolato*, che però non furono mai terminate e quindi nemmeno pubblicate[21].

L'attenzione dell'Arpinate si concentrò difatti ben presto sulla composizione di un'autobiografia in lingua greca, che egli, in una lettera ad Attico, designa con il termine di ὑπόμνημα (letteralmente "Memoriale"), indicando implicitamente con tale vocabolo che si trattava di uno scritto strutturato in un singolo libro. Era la prima volta che tale lemma ricorreva in un autore latino: certo, vi era il precedente delle *Memorie* di Silla, il defunto dittatore, ma il titolo non fu mai adottato sistematicamente dagli altri autori latini, e l'uso in tal senso è da ascriversi proprio a Cicerone.

Perché dunque delle *Memorie* e non dei più familiari (almeno per il pubblico italico) *Commentarii*, come quelli che tanti altri illustri Romani del passato avevano composto sulle proprie imprese? La risposta si deve cercare nel fatto che spesso, nei tradizionali *Commentarii*, erano rievocate sì delle imprese di interesse generale, ma in cui – tutto sommato – l'autore rivestiva un ruolo non sempre centrale, personaggio tra i personaggi. Ciò non era quello che Cicerone cercava, dovendo sottolineare il ruolo-chiave che egli aveva avuto nello sventare l'esiziale cospirazione catiliniana salvando così la Repubblica. Del resto, come Cicerone stesso sottolineava, i *Commentarii* non erano considerati un'opera storiografica a sé, quanto piuttosto una fonte di materiale per i futuri storici che avrebbero voluto attingere ad essi come ad una fonte di materiali da rielaborare stilisticamente e letterariamente in vista della composizione di vere e proprie *Storie*[22].

---

[20] CICERONE, *Lettere ad Attico*, II, 1, 3.

[21] T.J. CORNELL (a cura di), *The Fragments of the Roman Historians*, I, *Introduction*. Oxford University Press, Oxford 2013, p. 370.

[22] CICERONE, *Bruto*, 262, a proposito dei *Commentarii* di Cesare. Allo stesso modo Partenio definisce i propri Ἐρωτικὰ παθήματα come una sorta di ὑπομνημάτιον da

Cicerone non aveva come scopo principale, nel comporre l'opera, di presentare sotto una luce favorevole i propri atti di governo per mettere in piedi un'apologia del suo operato; egli intende piuttosto, scrivendo in greco, puntare ad una vasta diffusione delle *Memorie* nel Mediterraneo orientale, per rispondere implicitamente alle *Storie* che Teofane di Mitilene, storico "cortigiano" al seguito di Pompeo, aveva composto intorno alle campagne del generalissimo suo patrono in Asia[23].

Del resto, per ben comprendere lo stato d'animo in cui si trovava Cicerone allorché mise mano all'opera, è necessario rammentarne brevemente il preciso contesto storico: il 10 dicembre del 63 a.C., com'era consuetudine, entravano in carica i nuovi tribuni della plebe; fra costoro si distingueva Quinto Metello Nepote, fratello minore di Metello Celere, entrambi ufficiali di Pompeo, che all'epoca si trovava ancora impegnato nelle campagne asiatiche.

Il giovane Metello aveva per l'appunto lasciato l'Asia e l'esercito di Pompeo per presenziare a Roma alle elezioni tribunizie e, ufficiosamente, per toccare con mano la situazione politica dell'Urbe e riferire al suo superiore. In ogni caso la sua qualità di uomo di fiducia nonché cognato di Pompeo lo ponevano in una posizione di vantaggio, garantendone la vittoria alle urne[24].

Metello Nepote, non appena entrato in carica, pretese un immediato ritorno alla normalità costituzionale, abrogando l'eccezionale situazione emergenziale instauratasi con le fasi più acute della congiura catiliniana, ovvero che il popolo riottenesse il diritto di riunione, di veto e di appello (momentaneamente

---

cui il poeta augusteo Cornelio Gallo poteva attingere dei soggetti per le proprie elaborate composizioni poetiche.

[23]Cicerone aveva già sottolineato un certo confronto fra le sue imprese in patria e quelle di Pompeo in Asia (*Catilinarie*, 3, 26; 4; 21; *Lettere ad Attico*, VI, 1, 22), nonché espresso il timore che la crescente fama di Pompeo potesse oscurare la propria (Attico, II, 17, 2).

[24]M. MAFFII, *Cicerone e il suo dramma politico*, Mondadori, Milano 1930, p. 103.

sospesi) e che la legge marziale fosse abrogata.

Dato che Catilina si trovava con le sue truppe ribelli ancora in Etruria e che tre legioni si trovavano in marcia contro di esso sull'Appennino, il governo in carica – ed in primo luogo Cicerone – reagì ostilmente a tali proposte. Senza curarsi della prevedibile opposizione, Metello, nel corso della prima assemblea tribunizia, da lui appositamente convocata, attaccò duramente i provvedimenti straordinari che erano stati adottati senza il consenso del popolo. La mossa del fiduciario di Pompeo suscitò in Roma un'enorme impressione e molti giovani plebei – che fino allora avevano temuto una violenta ed estesa repressione governativa, essendosi schierati con Catilina – ricominciarono a respirare e si schierarono dalla parte dell'audace tribuno.

Metello andò oltre, ingiuriando in pubblico lo stesso console uscente, Cicerone, che si apprestava ad effettuare il rituale passaggio di consegne ai consoli designati per l'anno successivo, vale a dire Licinio Murena e Giunio Silano. Per l'Arpinate fu un duro colpo: tutto si aspettava, tranne che il suo più fiero nemico sorgesse dalle fila dei luogotenenti di Pompeo, che egli ammirava e blandiva: in fin dei conti Metello Nepote era fratello di quello stesso Metello Celere che lo aveva sostenuto durante la crisi catilinaria, ed in favore del quale, egli aveva rinunciato all'ambita carica di proconsole e governatore della Gallia[25].

Letteralmente basito e pensando ad un increscioso equivoco, Cicerone ricorse all'intermediazione di Clodia, moglie di Metello Celere, nonché di Muzia, sorella dei Metelli e moglie di Pompeo e di diversi amici comuni, con l'intento di calmare il giovane tribuno e ridurlo a più miti consigli, ma fu tutto inutile.

Alla conclusione dell'anno consolare Cicerone si presentò, come di rito, al popolo per congedarsi e pronunciare un sunto delle attività compiute nel corso della propria magistratura, ma

---

[25]ID., cit., p. 104.

inaspettatamente il tribuno Metello gli impedì di prendere la parola, interponendo il suo veto. Nessun console e nemmeno un magistrato di rango minore aveva mai subìto prima di allora un oltraggio simile. I sostenitori di Cicerone, tra cui spiccò Catone, tentarono di intercedere in favore dell'Arpinate, ma ogni tentativo fu inutile davanti all'irremovibilità del tribuno. Cicerone poté solamente pronunciare la frase di rito di chiusura del mandato consolare, ovvero: «Giuro di non aver commesso nulla di contrario alle leggi». Subito dopo si tolse almeno la soddisfazione di dichiarare pubblicamente che lo Stato era salvo per merito suo. Si sollevarono clamori e schiamazzi e Metello (che di lì a breve tornò da Pompeo in Siria) si affrettò a sciogliere la riunione[26].

La cagione del malanimo dei pompeiani nei confronti di Cicerone era essenzialmente dovuta al fatto che Pompeo aveva assai male digerito il fatto che l'Arpinate avesse paragonato le loro rispettive imprese in patria (contro Catilina) e in Asia (contro Mitridate e i re orientali) a due *pendant* di una comune impresa a salvaguardia della Repubblica, sancendo il tutto con un paragone fra Pompeo e Scipione Emiliano, da una parte, e lui stesso con Lelio, amico del vincitore di Cartagine: la loro unione avrebbe ripetuto quell'antica e solida amicizia tutta a vantaggio dello Stato. Per Pompeo, da sempre gelosissimo della propria gloria, era evidentemente troppo.

Fatto sta che, tornato privato cittadino, Cicerone non riuscì a superare la propria amarezza per il trattamento ricevuto se non prendendo in mano la penna e offrendo al grande pubblico un resoconto del proprio operato dal suo personale punto di vista, superando così l'umiliazione inflittagli al termine del suo consolato.

Per far sì che la fama delle sue imprese non andasse perduta per le generazioni future, Cicerone si rivolse ancora una volta allo storico Posidonio, invitandolo ad attingere alle sue

---

[26]ID., cit., p. 105.

Memorie per comporre un'opera di più vasto respiro in lingua greca, invito destinato a cadere nel vuoto. Cicerone dedicò comunque lo scritto a Posidonio, con la speranza che un giorno quest'ultimo avrebbe potuto comunque riprenderlo in mano, abbellendolo con la propria celebre eloquenza[27].

L'opera riuscì comunque, almeno parzialmente, nel proprio intento principale, riscuotendo una certa diffusione: è quasi certo, infatti, che il testo delle perdute *Memorie* sia stato consultato da Dione Cassio e da Plutarco per la composizione delle rispettive opere, oltre che da Sallustio, che ne raccolse vario materiale per le sua monografia su Catilina[28].

Nelle sue *Memorie* Cicerone trovò inoltre il modo di enfatizzare il suo salvataggio della Repubblica rispetto al mero allargamento del territorio dell'impero realizzato da Pompeo, rappresentando se stesso come una sorta di "generale in toga" (*dux togatus*)[29]. Oltre a ciò, da F1 emerge una qual certa volontà di non offendere o addirittura compiacere Crasso, cosa che spiegherebbe in parte l'omissione del racconto della sfiorata aggressione a Cesare da parte degli *equites* protettori armati di Cicerone all'uscita dalla tumultuosa seduta del Senato, che decise la sorte dei congiurati (Cesare era infatti l'uomo di fiducia e l'alleato di ferro di Crasso).

*
* *

Molti anni anni dopo, nel maggio del 44 a.C., Cicerone mise (o forse rimise, come vedremo) mano ad un'altra opera latina in prosa, i *Consilia*, con lo scopo di giustificare le sue scelte politiche del passato, ed includendo in essa delle violente accuse

---

[27]CORNELL, *The Fragments of the Roman Historians*, I, cit., p. 375.

[28]ID., cit., p. 376; non vi è però traccia di influenze dell'opera in scritti latini successivi, come ad esempio la *Storia di Roma* di Tito Livio.

[29]CICERONE, *Catilinarie*, 2, 28, 3, 15; 3, 23; 4, 5; CORNELL, *The Fragments of the Roman Historians*, I, cit., p. 373.

nei confronti di Crasso e Cesare, nel frattempo entrambi defunti (rispettivamente nel 53 a.C., a Carre, lottando contro i Parti, e nel 44 a.C., assassinato nella Curia da un gruppo di congiurati capeggiati da Bruto e da Cassio).

L'inizio di composizione dell'opera, secondo Dione Cassio, risale al ritorno di Cicerone dall'esilio, nel 57 a.C. Cicerone stesso, in una lettera risalente all'aprile di due anni prima, dichiarò di considerare tale imminente lavoro quale appartenente alla categoria delle opere storiografiche, ispirata agli scritti di Teopompo.

Con il termine *consilium* l'Arpinate intende riferirsi ai suoi progetti e propositi politici, alla *ratio* che guidò le proprie scelte in momenti cruciali della propria carriera. Non si tratta di giustificare, ai suoi occhi, il proprio *iter* politico agli occhi di posteri e contemporanei (come nel caso dell'*Autobiografia* di Giuseppe Flavio, per esempio), bensì di renderne palese il filo conduttore etico, politico e morale, incluse le difficoltà (od "ostacoli", per usare una terminologia buddhista che a Cicerone non sarebbe dispiaciuta) che emersero, quasi ad ogni piè sospinto, a contrastarne gli intendimenti improntati all'ideale della *concordia ordinum*.

I *Consilia* sono però anche molto altro, in primo luogo per l'arco cronologico interessato: essi comprendono non solo l'anno del consolato (63 a.C.), ma proseguono riassumendo gli eventi del turbinoso contrasto con Clodio, l'esilio in Oriente e, infine, il periodo della guerra civile e della dittatura cesariana. Sentendosi libero di parlare (oramai, dacché pubblicò la versione definitiva dell'opera, Cesare era stato assassinato da circa due mesi), Cicerone rispolvera ancora una volta l'*affaire* Catilina per puntare il dito accusatore contro i due triumviri responsabili, a suo parere, di aver sostenuto nascostamente i piani del facinoroso, Crasso e Cesare, per l'appunto.

Tim J. Cornell afferma che «nulla assolve Cicerone dal fallimento nell' aver esercitato uno scrutinio imparziale e critico della prova o della soppressione del materiale che avrebbe supportato le sue personali supposizioni», accusando quindi gratuitamente i due defunti triumviri. Ne conseguirebbe «un implicito riconoscimento nonché un'espressione di impotenza politica: i *Consilia* sono un'opera flagrantemente partigiana»[30].

Il giudizio di Cornell (che forse non tiene debitamente conto dell'estrema frammentarietà del testo pervenutoci), lapidario e senza appello, può anche contenere una certa dose di verità, ma andrebbe alquanto sfumato: da sempre, allorché un politico prende in mano una penna, lo fa essenzialmente per due motivi: per giustificare le proprie scelte e per offrire un proprio punto di vista su avvenimenti che lo hanno visto più o meno direttamente protagonista (ciò è vero sia per i *Commentari* di Carlo V di Spagna che per gli scritti di Pietro Nenni sul Ventennio, tanto per citarne due che ci consentono di spaziare nei secoli) [31]. I *Consilia* di Cicerone non fanno eccezione: è forse vero che egli, allorché li pubblicò, si sentiva frustrato e vi profuse il proprio "dente avvelenato" con sguardo retrospettivo non sempre obiettivo, ma ciò non fa che renderlo ai nostri occhi più moderno che mai, con tutte le sue luci e le sue ombre, togliendolo da quella rigidità marmorea che la fama di superbo oratore e di uomo innamorato della propria gloria l'ha troppo a lungo relegato.

---

[30]CORNELL, *The Fragments of the Roman Historians*, I, cit., pp. 378-379.
[31] Per l'edizione delle due opere citate: CARLO V, *Commentari*, da «*Comentarios de l'eperador Cárlos Quintos*», publicados por la priera vez en bruselas por K. De Lettenhove y traducidos al castellano por L. De Olona, Imprent de Manuel Galiano, Madrid 1862; P. NENNI, *Vent'anni di Fascismo*, Edizioni Avanti!, Milano 1964.

De Consulatu suo

Poema sulla storia del mio consolato

M. TVLLI CICERONIS *DE CONSVLATV SVO* FRAGMENTA

FRAMMENTI DELLA *STORIA DEL MIO CONSOLATO* DI MARCO TULLIO CICERONE*

1.

De consulatu suo, frg. 1 (Servio, *Commento alle Ecloghe*, 8, 106)

Sine igne subito ex ipsis cineribus flamma emersit. Hoc uxori Ciceronis dicitur contigisse: cum post peractum sacrificium libare vellet in cinerem, ex ipso cinere flamma surrexit, quae flamma eodem anno consulem futurum ostendit eius maritum, sicut Cicero in suo testatur poëmate.

2.

De consulatu suo, frg. 2 (Cicerone, *De divinatione*, I, 11, 17)

Principio aetherio flammatus Iuppiter igni
vertitur et totum conlustrat lumine mundum
menteque divina caelum terrasque petessit,
quae penitus sensus hominum vitasque retenta[n]t,
aetheris aeterni saepta atque inclusa cavernis.
Et si stellarum motus cursusque vagantis
nosse velis quae sint signorum in sede locatae,
quae verbo et falsis Graiorum vocibus errant,
re vera certo lapsu spatioque feruntur,
omnia iam cernes divina mente notata.
Nam primum astrorum volucris te consule motus
concursusque gravis stellarum ardore micanti[s]
tu quoque, cum tumulos Albano in monte nivalis

---

*Il testo latino del *De consulatu suo* è basato su A. BAEHRENS (a cura di), *Fragmenta poetarum Romanorum*, Teubner, Lipsiae 1886, pp. 298-304.

lustrasti et laeto mactasti lacte Latinas,
vidisti et claro tremulos ardore cometas;
multaque misceri nocturna strage putasti,
quod ferme dirum in tempus cecidere Latinae,
cum claram speciem concreto lumine luna
abdidit et subito stellanti nocte perempta est.
Quid vero Phoebi fax, tristis nuntia belli,
quae magnum ad columen flammato ardore volabat,
praecipitis caeli partis obitusque petessens?
Aut cum terribili perculsus fulmine civis
luce serenanti vitalia lumina liquit?
Aut cum se gravido tremefecit corpore tellus?
Iam vero variae nocturno tempore visae
terribiles formae bellum motusque monebant,
multaque per terras vates oracula furenti
pectore fundebant tristis minitantia casus;
atque ea quae lapsu tandem cecidere vetusto,
haec fore perpetuis signis clarisque frequentans
ipse deum genitor caelo terrisque canebat.
Nunc ea Torquato quae quondam et consule Cotta
Lydius ediderat Tyrrhenae gentis haruspex,
omnia fixa tuus glomerans determinat annus.
Nam pater altitonans stellanti nixus Olympo
ipse suos quondam tumulos ac templa petivit
et Capitolinis iniecit sedibus ignis.
Tum species ex aere vetus venerataque Nattae
concidit, elapsaeque vetusto numine leges,
et divom simulacra peremit fulminis ardor.
Hic silvestris erat Romani nominis altrix,
Martia, quae parvos Mavortis semine natos
uberibus gravidis vitali rore rigabat:
quae tum cum pueris flammato fulminis ictu
concidit atque avolsa pedum vestigia liquit.
Tum quis non, artis scripta ac monumenta volutans,
voces tristificas chartis promebat Etruscis?

Omnes civilem generosa[m] stirpe profectam
<vol>vier ingentem Cladem pestemque monebant,
tum legum exitium constanti voce ferebant,
templa deumque adeo flammis urbemque iubebant
eripere et stragem horribilem caedemque vereri;
atque haec fixa gravi fato ac fundata teneri,
ni prius excelsum ad columen formata decore
sancta Iovis species claros spectaret in ortus:
tum fore ut occultos populus sanctusque senatus
cernere conatus posset, si solis ad ortum
conversa inde patrum sedes populique videret.
Haec tardata diu species multumque morata
consule te tandem celsa est in sede locata,
atque una fixi ac signati temporis hora
Iuppiter excelsa clarabat sceptra columna,
et clades patriae flamma ferroque parata
vocibus Allobrogum patribus populoque patebat.
Rite igitur veteres, quorum monumenta tenetis,
qui populos urbisque modo ac virtute regebant,
rite etiam vestri, quorum pietasque fidesque
praestitit et longe vicit sapientia cunctos,
praecipue coluere vigenti numine divos.
Haec adeo penitus cura videre sagaci
otia qui studiis laeti tenuere decoris,
inque Academia umbrifera nitidoque Lyceo
fuderunt claras fecundi pectoris artis.
E quibus ereptum primo iam a flore iuventae
te patria in media virtutum mole locavit.
Tu tamen anxiferas curas requiete relaxans,
quod patriae vacat, id studiis nobisque sacrasti.

3.

De consulatu suo, frg. 2 (Nonio Marcello, *De compendiosa doctrina*, 204, 1)

Atque animo pendens noctu eventura timebat.

4.

De consulatu suo, frg. 4 (Cic. *Lettere al fratello Quinto*, III, 1, 24)

Itaque mirificum embolium cogito in secundum meorum librorum includere, dicentem Apollinem in concilio deorum, qualis reditus duorum imperatorum futurus esset, quorum alter (L. Piso) exercitum perdidisset, alter (A. Gabinius) vendidisset.

5a.

De consulatu suo, frg. 5a (Cicerone, *Lettere al fratello Quinto*, II, 7(9), 1)

Placiturum tibi esse librum meum suspicabar; tam valde placuisse, quam scribis, valde gaudeo. Quod me admones de nostra Urania suadesque ut meminerim Iovis orationem, quae est in extremo illo libro, ego vero memini et illa omnia mihi magis scripsi quam ceteris.

5b.

De consulatu suo, frg. 5b (Quintiliano, *Istituzione oratoria*, XI, 1, 24)

...et Iovem illum, a quo in concilium deorum advocatur.

6.

Liber III

De consulatu suo, frg. 6 (Cicerone, *Lettere ad Attico*, II, 3, 3)

Interea cursus, quos prima a parte iuventae
quosque adeo consul virtute animoque petisti,
hos retine atque auge famam laudesque bonorum.

7.

De consulatu suo, frg. 7 (Nonio Marcello, *De compendiosa doctrina*, 202, 22)

Quorum luxuries fortunam ac censa peredit.

8.

De consulatu suo, frg. 8 (*Grammatica Latina*, K. IV 248)

Nam quasi vos sibi dedecori genuere parentes.

9.

De consulatu suo, frg. 9 (Terenziano Mauro, *De litteris, de syllabis, de metris,* 1246)

Oppius advenit, comes est quoque Tettius illi.

10.

De consulatu suo, frg. 10 (Cicerone, *Dei Doveri* I, 77)

Cedant arma togae, concedat laurea linguae!

11.

De consulatu suo, frg. 11 (Sallustio, *Contro Cicerone*, 5)

O fortunatam natam me consule Romam!

<h1 style="text-align:center">12.</h1>

De consulatu suo, frg. 12 (Cicerone, *Lettere ad Attico*, II, 15, 3)

Ego vero «in montes patrios et ad incunabula nostra pergam».

<h2 style="text-align:center">13a.</h2>

De consulatu suo, frg. 13a. (Quintiliano, *Istituzione oratoria*, XI, 1, 24)

In carminibus utinam pepercisset, quae non desierunt carpere maligni (...) et «Minervam, quae artes eum docuit».

<h2 style="text-align:center">13b.</h2>

De consulatu suo, frg. 13b (Sallustio, *Contro Cicerone*, 7)

Sed quid ego plura de tua insolentia commemorarem? Quem Minerva omnis artis edocuit, Iuppiter Optimus Maximus in concilium deorum admisit, Italia exulem umeris suis reportavit.

FRAMMENTI DELLA *"STORIA DEL MIO CONSOLATO"* DI CICERONE

1.

De consulatu suo, frg. 1 (Servio, *Commento alle Ecloghe*, 8, 106)

Senza che vi fosse alcun fuoco, una fiamma divampò improvvisamente dalle ceneri. Questo si racconta che toccò in sorte alla moglie di Cicerone: allorché, dopo aver eseguito il sacrificio, ella volle libare sulla cenere, dalla stessa cenere scaturì una fiamma, e la medesima fiamma le mostrò il futuro; nel corso di quello stesso anno suo marito sarebbe stato nominato console, proprio come testimonia Cicerone nel suo poema.

2.

De consulatu suo, frg. 2 (Cicerone, *De divinatione*, I, 11, 17)

Innanzitutto Giove infiammato dal fuoco etereo,
ruota e rischiara con la sua luce il mondo intero,
e mira a penetrare il cielo e la terra
con la sua mente divina che, chiusa e celata nelle cavità dell'etere eterno,
preserva fin nell'intimo i sensi e la vita degli uomini[32].
E se vuoi conoscere i movimenti e i percorsi vaganti delle stelle
che si trovano nella zona delle costellazioni,
e che a quanto dicono ingannevolmente i Greci e secondo il nome
che essi han loro attribuito[33], vanno errando, ma in realtà si

---

[32]Concezione derivata dalla Stoà, che identificava Giove/Zeus con il fuoco che penetra ed anima il mondo intero, incluse le anie umne. Il verbo *petessere*, impiegato da Cicerone anche nei testi in prosa, è un desiderativo di *peto* ("chiedere per ottenere"). Non corrisponde *tout court*, al verbo seplice, ma serve a far risaltare la volontà benefica della divinità di identificarsi con l'universo.

[33] Ovvero *plánetes*, adoperato coe attributo di *astéres* ("stelle"). Cicerone

muovono con velocità regolare entro un'orbita determinata,
vedrai che tutto ciò ha il contrassegno della ente divina.
Giacché, in primo luogo, sotto il tuo consolato,
quando compisti i riti lustrali sulle alture nevose del monte
Albano e con copioso latte onorasti le Ferie Latine[34],
tu stesso vedesti movimenti alati di astri
e congiunzioni male auguranti di stelle che splendevano
ardendo;
vedesti le comete tremolanti di splendente fuoco.
E pensasti a grandi sconvolgimenti in una strage notturna,
poiché le Ferie Latine erano cadute press'a poco in quel tempo
nefasto
in cui la luna, addensando la sua luce, aveva nascosto il suo volto
splendente
e tutt'a un tratto era scomparsa nella notte cosparsa di stelle.
E che dire della fiaccola di Febo, annunciatrice di triste guerra,
che volava con ardore di fuoco a guisa di immane colonna,
dirigendosi verso la parte dove il cielo precipita, verso il
tramonto?
O quando un cittadino, colpito dal terribile fulmine a ciel sereno,
abbandonò la luce della vita?
O quando la terra tremò col corpo gravido di vapori?
E già nelle ore della notte si vedevano vari spettri terribili,
e annunciavano guerra e sommosse,
e gli indovini qua e là effondevano dal petto invasato
molte profezie che minacciavano tristi eventi;
e quei fatti che, dopo lungo trascorrere di tempo alfine
accaddero,
il Padre degli dèi, egli stesso, li preannunciava al cielo e alla

---

sottolineò più volte l'inadeguatezza del termine; nel cosmo divino, secondo la
concezione stoica, non esiste infatti niente di irregolare: gli stessi prodigi o
miracoli sono voluti infatti dalla divinità, ben consapevole della regolarità delle
leggi della natura e delle stesse infrazioni ad esse.

[34] Le Ferie Latine erano celebrate ogni inverno sul monte Albano, dalle
comunità delle città del Lazio, in onore di Giove Laziale (*Iuppiter Latiaris*).

terra,
ripetendo l'annuncio con segni continui ed evidenti.
Ed ecco che tutti gli eventi che un tempo, sotto il consolato di Torquato e di Cotta,
aveva profetato l'aruspice lidio della gente etrusca,
tutti insieme, stabiliti dal Fato, li porta a termine l'anno del tuo consolato.
Perché il Padre altitonante, ergendosi sull'Olimpo stellato,
colpì con il fulmine il colle un tempo a lui caro ed il suo tempio,
ed appiccò il fuoco alla sua dimora sul Campidoglio.
Allora l'antica e venerata effige bronzea di Natta[35] si abbatté al suolo,
e scomparvero le tavole delle leggi di vetusta[36], sacra autorità,
e la vampa del fulmine annientò le immagini degli dèi.
Qui v'era la silvestre nutrice marzia della gente romana[37],
che con le turgide mammelle alimentava di rugiada vitale i piccoli nati dalla stirpe di Marte:]
essa allora, colpita insieme coi fanciulli dal fulmine fiammeggiante,
cadde e, divelta dalla base, vi lasciò l'impronta dei piedi.
Chi in quel tempo, leggendo e rileggendo gli scritti e i documenti dell'arte divinatoria],
non ricavava dalle carte etrusche lugubri presagi?
Tutti avvertivano che una grande sciagura per tutta la città,
un flagello stava per scatenarsi, per opera di una famiglia nobile;
ed annunciavano anche, con parole sempre ripetute, la rovina

---

[35]Pinario Natta (peraltro altrimenti sconosciuto) aveva avuto, per motivi a noi ignoti, l'onore di una statua sul Campidoglio.

[36]Il termine *elapsae*, riferito alle tavole di bronzo su cui erano incise le leggi di Roma, significa, molto genericamente "scomparvero", ma potrebbe rendersi, con più precisione, come "vennero liquefatte" (ovviamente dal calore del fulmine). L'interpretazione di tale prodigio era chiara: le leggi rischiano di essere annientate.

[37]La Lupa Capitolina.

delle leggi
e ordinavano soprattutto di sottrarre dalle fiamme i templi
degli dèi e la città, e di guardarsi da una strage e da un
massacro orribile.
Dicevano che queste cose erano immutabilmente fissate da un
tremendo destino],
a meno che, prima, una sacra immagine di Giove, fatta con arte,
collocata su un'alta colonna,]
fosse rivolta verso la chiara luce d'oriente.
Soltanto allora il popolo ed il santo Senato
avrebbero potuto scoprire queste mene occulte,
se la statua di Giove, rivolta verso il sorgere del sole,
avesse potuto di lì vedere le sedi dei senatori e del popolo.
Questa effigie, eseguita con gran ritardo e attesa per molto
tempo,
finalmente sotto il tuo consolato fu collocata sulla sua alta
sede[38];
ed in un medesimo momento, stabilito e fissato dal destino,
Giove faceva risplendere il suo scettro in cima alla colonna,
e la rovina della patria, preparata col ferro e col fuoco,
veniva rivelata dalle parole degli Allobrogi ai senatori e al
popolo.
A ragione, dunque, gli antichi, dei quali voi custodite gli
insegnamenti,
e che con moderazione e virtù governavano popoli e città,
- a ragione anche i vostri compatrioti, la cui religiosità ed il cui
ossequio ai numi superbi]

---

[38]Effettivamente la statua promessa a Giove in espiazione dai consoli Lucio
Manlio Torquato e Lucio Aurelio Cotta fu collocata sulla sommità della
colonna solo il 3 dicembre del 63 a.C., sotto il consolato di Cicerone (cfr.
CICERONE, *Catilinarie*, III, 20) e nello stesso momento in cui fu collocata giunse
la rivelazione della congiura di Catilina ad opera degli ambasciatori dei Galli
Allobrogi (giunti a Roma dalla Narbonese), ai quali i cospiratori avevano, con
somma imprudenza, svelato i particolari del loro piano (SALLUSTIO, *La congiura
di Catilina*, 40-45).

superò tutti e di gran lunga li vinse la loro sapienza,
onorarono più che ai gli dèi insigni per potenza.
Questi insegnamenti, d'altronde, li intesero a fondo,
con indagine sagace, coloro che lieti trascorsero in nobili studi
il tempo libero da fatiche quotidiane,
e che, nell'ombrosa Accademia e nel luminoso Liceo,
diffusero le splendide dottrine del loro ingegno fecondo.
Strappato ad essi fin dal primo fiorire della giovinezza,
tu fosti collocato dalla patria in mezzo al faticoso mondo delle
virtù attive.
E tuttavia, dando un po' di tregua alle ansiose preoccupazioni
della vita civile,]
hai consacrato a quegli studi e a noi il tempo che la patria ti
lascia libero.

3.

De consulatu suo, frg. 3 (Nonio Marcello, *De compendiosa doctrina*,
204, 1)

E con animo sospeso temeva gli eventi che sarebbero accaduti
quella notte.

4.

De consulatu suo, frg. 4 (Cicerone, *Lettere al fratello Quinto*, III, 1,
24)

E così penso già di fare una magnifica aggiunta al secondo libro
del mio poema *Storia del mio consolato*: Apollo che nel concilio
degli dèi annuncia quale sarà il ritorno in patria dei due
generalissimi, dei quali uno (Lucio Pisone) ha perduto il suo
esercito, l'altro (Aulo Gabinio) lo ha venduto.

5a.

De consulatu suo, frg. 5a (Cicerone, *Lettere al fratello Quinto*, II, 7(9), 1)

Che il mio libro II ti sarebbe piaciuto lo immaginavo: che ti sia tanto piaciuto quanto mi dici, è per un motivo di grande gioia. La tua raccomandazione circa la nostra Urania e quella di ricordarmi delle parole di Giove che chiudono il libro, beh, non occorrono; rammento bene sia l'una che l'altra cosa, anzi entrambe sono state scritte più per me che non per gli altri.

5b.

De consulatu suo, frg. 5b (Quintiliano, *Istituzione oratoria*, XI, 1, 24)

...e quel Giove, da cui fu convocato nel concilio degli dèi.

6.
Dal libro III

De consulatu suo, frg. 6 (Cicerone, *Lettere ad Attico*, II, 3, 3)

Ma, nondimeno, la strada maestra che sin dalla prima
giovinezza
e pienamente da console con puro valore e con coraggio
seguisti,
battila senza sosta ed accresci la fama e le lodi degli onesti.[39]

7.

De consulatu suo, frg. 7 (Nonio Marcello, *De compendiosa doctrina*, 202, 22)

Lo sfarzo dei quali dissipò fortuna ed averi.

---

[39]Esortazione rivolta a Cicerone dalla musa Calliope, come egli stesso chiarisce poco dopo, nells medesima lettera ad Attico.

8.

De consulatu suo, frg. 8 (*Grammatica Latina*, K. IV 248)

Infatti i vostri genitori vi avevano fatti nascere, per così dire, a loro stessa futura vergogna.

9.

De consulatu suo, frg. 9 (Terenziano Mauro, *De litteris, de syllabis, de metris*, 1246)

Sopraggiunse Oppio, ed il suo comandante Tettio assieme a lui.

10.

De consulatu suo, frg. 10 (Cicerone, *Dei Doveri* I, 77)

Cedano le armi alla toga, si conceda l'alloro [del condottiero] ai discorsi![40]

11.

De consulatu suo, frg. 11 (Sallustio, *Contro Cicerone*, 5)

O Roma fortunata, nata mentre io ero console!

12.

De consulatu suo, frg. 12 (Cicerone, *Lettere ad Attico*, II, 15, 3)

Io poi mi «dirigerò verso i patrii monti e verso la culla della mia

---

[40]Verso celebre, divenuto una sorta di *slogan* di Cicerone, riportato anche dalle seguenti e numerose fonti: CICERONE, *Filippiche*, II, 20; SALLUSTIO, *Contro Cicerone*, 6; [PSEUDO] CICERONE, *Contro Sallustio*, 7; *Laus Pisonis*, 36; PLINIO IL VECCHIO, *Storia Naturale*, VII, 117; QUINTILIANO, *Istituzione oratoria*, XI, 1, 24; PLUTARCO, *Comparazione fra Demostene e Cicerone*, 2; SERVIO, *Commento all'Eneide*, I, 1. In *Contro Pisone*, 72, Cicerone riporta la variante: *Cedant arma togae, concedat laurea laudi!* («Cedano le armi alla toga, si conceda l'alloro [del condottiero] alla gloria del cittadino!»), che si può ritrovare anche in GIOVENALE, *Satire*, 10, 122 ed in DIOMEDE, *Grammatica Latina*, 466 k.

nascita»[41].

13a.

De consulatu suo, frg. 13a. (Quintiliano, *Istituzione oratoria*, XI, 1, 24)

Volesse il cielo che non avesse fatto ciò in quei versi, a cui non mancarono maligni biasimatori (…): «Minerva, che lo istruì in tutte le arti».

13b.

De consulatu suo, frg. 13b (Sallustio, *Contro Cicerone*, 7)

Ma cosa posso ricordare di più grande della tua insolenza? [Hai affermato] che Minerva ti avesse edotto in tutte le arti, che Giove Ottimo Massimo ti aveva ammesso nel concilio degli dèi, che l'Italia ti aveva riportato a sé, esule che eri, sostenendoti sulle proprie spalle.

---

[41] Alcuni attribuiscono il verso ad un altro componimento poetico di Cicerone, il *Marius*.

Commentarius de Consulatu suo Graecus

Memoriale greco sul mio Consolato

Memoriale greco sul mio consolato

Testimonianze

T1 Cicerone, *Lettere ad Attico*, I, 19, 10 (T1 Peter; T1 Garbarino; T1 Cornell)

Commentarium consulatus mei Graece compositum misi ad te. In quo si quid erit quod homin Attico minus Graecum erutitumque videatur, non dicam quod tibi, ut opinor, Panhormi Lucullus de suis historiis dixerat, se, quo facilius illas probaret Romani hominis esse, idcirco barbara quaedam et soloeca dispersisse; apud me si quis erit eius modi, me imprudente erit et et invito. Latinum si perfecero, ad te mittam. Tertium poëma exspectato, ne quod genus a e ipso laudiis meae praetermittatur. Hic tu cave dicas, «τίς πατέρ' αἰνήσει» si est enim apud homines quicquam quod potius laudetur, nos vituperemur qui non potius alia laudemus; quamquam non ἐγκωμιαστικὰ sunt haec sed ἱστορικὰ quae scribimus.

Ti mando la narrazione delle gesta del mio consolato, composta in greco. Se in essa vi è qualcosa che alle orecchie raffinate di un Attico quale sei tu, suona di timbro poco greco ed armonioso, non starò a dire ciò che ti disse, credo, a Palermo, Lucullo a proposito delle sue *Storie*, ovverosia che per credere più facilmente che esse erano opera di un Romano, di proposito vi aveva sparpagliato alcuni barbarismi e solecismi di linguaggio; se nel mio testo si trova qualche carenza del genere, vorrà dire che mi è sfuggito per disattenzione, contrariamente a ciò che volevo. Se porterò a termine la narrazione anche in latino, te la farò avere. Come terza della serie aspettati un'opera poetica, tanto perché non sia tralasciato da parte del sottoscritto alcun genere di esaltazione dei miei meriti. A questo punto, astieniti dal dire: «Chi loderà tuo padre?»[42]. Se davvero a questo mondo esiste qualcosa che meriti lodi più grandi, mi sottopongo al biasimo per non aver concentrato le mie lodi su un argomento differente. Tuttavia, a ben riflettere, quanto sto scrivendo non ha per fine l'encomio, bensì la ricerca storica.

T2 Cicerone, *Lettere ad Attico*, I, 20, 6 (T4 Peter; T2 Garbarino; T2 Cornell)

De meis scriptis misi ad te Graece perfectum consulatu meum, cum librum L. Cossinio dedi. Puto te Latinis meis delectari, huic autem Graeco Graecum invidere. Alli si scripserint, mittemus ad te; sed, mihi, crede, simul atque hoc nostrum legerunt, nescio quo pacto retardantur.

Delle mie opere ti ho inviato la narrazione in greco delle gesta del mio consolato, che sono riuscito a portare a termine. Ho affidato il testo a Lucio Cossinio. Penso che i miei scritti in latino ti piacciano, invece questo in greco tu, con la tua anima greca, non lo veda di buon occhio. Se qualcun altro si cimenterà sullo stesso tema, ti procurerò i loro testi, a – credimi – appena letto il mio, non so come accade che non se la sentono più di andare avanti.

T3 Cicerone, *Lettere ad Attico*, II, 1, 1-2 (T4 Peter; T3 Garbarino; T3 Cornell)

Kal. Iuniis eunti mihi Antium et gladiatores M. Metelli cupide relinquenti venit obviam tuus puer. Is mihi litteras abs te et commentarium consulatus mei Graece scriptum reddidit. In quo laetatus sum me aliquanto ante de isdem rebus Graece item scriptum librum L. Cossinio ad te perferendum dedisse; nam si ego tuum ante legissem, furatum me abs te esse diceres. Quamquam tua illa (legi enim libenter) horridula mihi atque incompta visa sunt, sed tamen erant

---

[42]Proverbio greco (cfr. PLUTARCO, *Arato*, 1).

ornata hoc ipso quod ornamenta neglexerant et, ut mulieres, ideo bene olere quia nihil olebant videbantur. meus autem liber totum Isocrati myrothecium atque omnis eius discipulorum arculas ac non nihil etiam Aristotelia pigmenta consumpsit. quem tu Corcyrae, ut mihi aliis litteris significas, strictim attigisti, post autem, ut arbitror, a Cossinio accepisti. quem tibi ego non essem ausus mittere nisi eum lente ac fastidiose probavissem.

Quamquam ad me rescripsit iam Rhodo Posidonius se, nostrum illud ὑπόμνημα cum legeret, quod ego ad eum ut ornatius de isdem rebus scriberet miseram, non modo non excitatum esse ad scribendum sed etiam plane deterritum. quid quaeris? Conturbavi Graecam nationem. Ita vulgo qui instabant ut darem sibi quod ornarent iam exhibere mihi molestiam destiterunt. Tu, si tibi placuerit liber, curabis ut et Athenis sit et in ceteris oppidis Graeciae; videtur enim posse aliquid nostris rebus lucis adferre.

Il 1° giugno ero in procinto di partire per Anzio e stavo lasciando proprio volentieri lo spettacolo dei gladiatori[43] offerto da Marco Metello, quando i si fece incontro il tuo servo che i consegnò una lettera da parte tua e il racconto delle gesta del mio consolato, composto da te in greco. A proposito di quest'ultima, fui lieto di avere affidato, qualche tempo fa, a Lucio Cossinio una mia opera sul medesimo argomento, composta anch'essa in greco, con l'incarico di consegnartela; già, perché – se fosse toccato a me in sorte di leggere per primo il tuo libro – avresti affermato che avevo compiuto un plagio letterario a tuo discapito! Ciò nonostante, mi è parso che le espressioni del tuo scritto (l'ho letto infatti volentieri) abbiano un che di ruvido e disadorno, sebbene la loro eleganza sta precisamente nel fatto di aver evitato ogni abbellimento artefatto e sembra che – come si usa dire per le donne – sappiano appunto per tale motivo di buono, proprio perché non emanano alcun odore[44]. Invece il mio libro ha letteralmente svuotato tutto il cofanetto dei belletti di Isocrate e

---

[43]È nota l'avversione di Cicerone per i giuochi gladiatorii.
[44]Allusione a PLAUTO, *Mostellaria*, 273.

tutti gli scrigni per profumi dei suoi discepoli, ed ha ripreso, in una certa misura, persino il colorito retorico dello stile di Aristotele[45]. Come mi dici in un'altra missiva, gli hai dato una veloce occhiata a Corcira[46], a poi, a quel che penso, te ne ha recapitato una copia Cossinio. Io non mi sarei arrischiato a spedirti il mio libro, se non lo avessi sottoposto ad una revisione accurata e puntigliosamente severa. Mi ha già risposto nondimeno Posidonio da Rodi, dicendo che dalla lettura di quei miei *Ricordi*, che gli avevo inviato affinché potesse trattare il medesimo argomento con maggiore dignità formale, non solamente non si era sentito invogliato a scriverne, a ne era al contrario stato del tutto distolto. Cosa vorresti chiedere di più? Sono riuscito a mettere in difficoltà la stirpe dei Greci. Così, senza tanti misteri, la turba di uomini dotti che mi stava alle costole affinché fornisse loro degli spunti da svolgere con eleganza consumata, ha cessato oramai di importunarmi. Tu poi, se il libro è di tuo gradimento, farai di tutto perché venga diffuso tanto ad Atene quanto nelle altre città della Grecia. Ho la netta sensazione che possa conferire un qual certo lustro alla mia vita.

T4 Cicerone, *Lettere ai familiari*, XV, 4, 12 (T4 Cornell)

A me autem haec sunt profecta quae non ego in beneficii loco pono sed in veri testimonii atque iudicii, ut praestantissimas tuas virtutes non tacitus admirarer (quis enim id non facit?) sed in omnibus orationibus, sententiis dicendis, causis agendis, omnibus scriptis Graecis, Latinis, omni denique varietate litterarum mearum te non modo iis quos vidissemus sed etiam iis de quibus audissemus omnibus anteferrem.

Esattamente per la mia persona, ciò che è stato scritto da me non lo considero tanto [una lode] a tuo beneficio, quanto piuttosto

---

[45]Sul punto di vista di Cicerone riguardo all'eloquio fiorito, cfr. CICERONE, *De oratore*, II, 188; III, 100.
[46]L'odierna isola di Corfù.

una vera testimonianza ed una valutazione dei tuoi meriti: non mi sono semplicemente e profondamente meravigliato per le tue incomparabili virtù (e perché non avrei dovuto farlo?) a in tutte le mie lodi in pubblico, in Senato e nei tribunali, in tutte le mie opere in greco e in latino, insomma, in ciascuno dei rami delle mie fatiche letterarie, io ti ho esaltato non solo al di sopra di tutti coloro che conosco di persona, a anche più di quelli di cui ho solamente sentito parlare.

T5 Plutarco, *Cesare*, 8.2-4 (T4 Garbarino; T5 Cornell)

... Καίσαρι δέ τῆς βουλῆς ἐξιόντι πολλοὶ τῶν Κικέρωνα φρουρούντων τότε νέων γυμνὰ τὰ ξίφη συνδραμόντες ἐπέσχον. Ἀλλὰ Κουρίων τε λέγεται τῇ τηβέννῳ περιβαλὼν ὑπεξαγαγεὶν, αὐτός θ' ὁ Κικέρων, ὡς οἱ νεανίσκοι προσέβλεψαν, ἀνανεῦσαι, φοβηθεὶς τὸν δῆμον ἢ τὸν φόνον ὅλως ἄδικον καὶ παράνομον ἡγούμενος. Τοῦτο μὲν οὖν οἶδ' ὅπως ὁ Κικέρων, εἴπερ ἦν ἀληθές, ἐν τῷ περὶ τῆς ὑπατείας οὐκ ἔγραψεν.

Non appena Cesare lasciò il Senato, diversi giovani guardie di Cicerone lo circondarono e contemporaneamente lo minacciarono con le spade sguainate. Ma si narra che Curione gli gettò la sua toga addosso e che lo condusse via attraverso un percorso sicuro, mentre lo stesso Cicerone rispondeva agli sguardi interrogativi delle sue guardie scuotendo la testa [in segno di diniego], sia perché temesse le reazioni del popolo, sia perché egli considerasse l'assassinio di Cesare come interamente ingiustificabile ed illegale. Se questa storia è vera, non comprendo perché Cicerone non l'abbia inclusa nella sua opera sul suo consolato.

T6 Cassio Dione, *Storia Romana*, XLVI, 21, 3-4 (T6 Cornell)

«Καὶ οὕτω γε ἀναίσχυντος εἶ ὥστε καὶ συγγράψαι ταῦτα τοιαῦτα ὄντα ἐπεχείρησας· ὃν ἐχρῆν εὔχεσθαι μηδὲ τῶν ἄλλων τινὰ αὐτὰ συνθεῖναι, ἵνα αλλὰ τοῦτό γε κερδάνῃς, τὸ συναπολέσθαι σοι τὰ πεπραγμένα καὶ μηδεμίαν αὐτῶν μνήμην τοῖς ἔπειτα παραδοθῆναι. Καὶ ὅπως γε καὶ γελάσητε, ἀκούσατε, τὴν σοφίαν αὐτοῦ. Προθέμενος γὰρ πάντα τὰ τῇ πόλει πεπραγμένα συγγράψαι (καὶ γὰρ σοφιστὴς καὶ ποιητὴς καὶ φιλόσοφος καὶ ῥήτωρ καὶ συγγραφεὺς εἶναι πλάττεται) ἔπειτ' οὐκ ἀπὸ τῆς κτίσεως αὐτῆς, ὥσπερ οἱ ἄλλοι οἱ τοῦτο ποιοῦντες, ἀλλὰ ἀπὸ τῆς ὑπατείας τῆς ἑαυτοῦ ἤρξατο, ἵνα ἀνάπαλιν προχωρῶν ἀρχὴν μὲν τοῦ λόγου ἐκείνην, τελευτὴν δὲ τὴν τοῦ Ῥωμύλου βασιλείαν ποιήσηται».

«E sei tanto spudorato che hai scritto un'opera su tali avvenimenti – avvenimenti di tal genere! – mentre avresti dovuto pregare il cielo che nessuno li narrasse, per poter fare questo guadagno, che essi sparissero con te e nessun ricordo ne rimanesse per i posteri. E se volete ridere, ascoltate quanto è scaltro. Dopo avere annunciato che avrebbe trattato tutta la storia di Roma (si vanta infatti di essere un maestro di arte oratoria, poeta, filosofo, retore e storico), non ha cominciato dalla fondazione della città, come fanno tutti gli autori di tali opere, ma dal suo consolato, in modo che, procedendo a ritroso, questo consolato fosse l'inizio dell'opera e il regno di Romolo la fine!».

T7 Cicerone, *Lettere ad Attico*, II, 6, 2 (T7 Cornell)

Hic, hic nimirum πολιτευτέον; *nam istic non solum non licet sed etiam taedet. itaque* ἀνέκδοτα *quae tibi uni legamus Theopompio genere aut etiam asperiore multo pangentur.*

Questo, questo è certamente il luogo[47] per occuparsi di politica. A Roma sarebbe non solo impossibile, ma anche nocivo. E così mi andrà di comporre una *Storia arcana* (ἀνέκδοτα), da leggere solamente a te, sul tipo di quelle di Teopompo o anche molto più aspra.

---

[47]Intende Anzio, dove la missiva fu scritta agli inizi di aprile del 59 a.C.

T8 Cicerone, *Lettere ad Attico*, II, 8, 1 (T8 Cornell)

Nunc si quid in ea epistula quam ante diem xvi Kal. Maias dedisti fuit historia dignum, scribe quam primum, ne ignoremus; (...) ego me do historiae. Quamquam, licet me Saufeium putes esse, nihil est me inertius.

Ora, se la lettera che ti è arrivata il 15 aprile conteneva qualcosa di degno di essere incluso in un resoconto storico, inviami qualche commento il prima possibile, e scrivimi ciò che non so al riguardo (...). Mi sto dando alla storiografia. Tuttavia, sebbene tu possa pensare a me come una sorta di Saufeio[48], non vi è in realtà nessuno di più indolente del sottoscritto al riguardo.

T9 Cicerone, *Lettere ad Attico*, II, 12, 3 (T9 Cornell)

Quod me ut scribam aliquid hortaris, crescit mihi quidem materies, ut dicis, sed tota res etiam nunc fluctuat, κατ' ὀπώρην τρύξ. quae si desederit, magis erunt liquata quae scribam. quae si statim a me ferre non potueris, primus habebis tamen et aliquamdiu solus.

In quanto all'esortazione che mi rivolgi, [ovvero] di dedicarmi alla composizione di qualche opera, non sussiste alcun dubbio, è come affermi tu: il materiale a mia disposizione è in continuo aumento, ma è tutto quanto ancora fluttuante, quasi «mosto nella stagione della vendemmia». Non appena esso si sarà depositato, acquisteranno in limpidezza le cose che scriverò. Anche se non

---

[48] Marco Saufeio, secondo in comando di Tito Annio Milone e uomo estremamente energico; in un tafferuglio armato avvenuto presso Bovillae, fu accusato di aver partecipato all'assassinio di Clodio, rivale del proprio capo e nemico giurato di Cicerone. Nel 52 a.C. Saufeio fu difeso in tribunale da Cicerone due volte, entrambe con successo. La prima volta, accusato in base alla *lex Pompeia de vi* (contro gli atti di violenza), fu assolto con il margine di un solo voto; la seconda, in base alla *lex Plauta de vi*, risultò innocente per 13 voti. Probabilmente Cicerone aveva acconsentito di difendere Saufeio dati i suoi obblighi nei confronti di Milone.

puoi ricevere subito la mia opera, tuttavia sarai tu il primo ad
averla e – per qualche tempo – l'unico.

T10 Cicerone, *Bruto*, 16 (T10 Cornell)

*Ego autem voluntatem tibi profecto emetiar, sed rem ipsam nondum
posse videor; idque ut ignoscas, a te peto. nec enim ex novis, ut agricolae
solent, fructibus est unde tibi reddam quod accepi – sic omnis fetus
repressus exustusque flos siti veteris ubertatis exaruit –, nec ex
conditis, qui iacent in tenebris et ad quos omnis nobis aditus, qui paene
solis patuit, obstructus est. seremus igitur aliquid tamquam in inculto
et derelicto solo; quod ita diligenter colemus, ut impendiis etiam augere
possimus largitatem tui muneris: modo idem noster animus efficere
possit quod ager, qui quom multos annos quievit, uberiores efferre
fruges solet.*

Io purtroppo posso sì ricambiarti la buona intenzione, a non il
valore del dono ricevuto; e di ciò ti prego di perdonarmi. Poiché
né dai frutti dell'anno, come sono soliti fare i contadini, io posso
renderti il contraccambio – a tal punto ogni prodotto è stato
soffocato ed i fiori si sono seccati per la sete degli antichi succhi
– né dai raccolti riposti, che giacciono nell'oscurità e ai quali
l'accesso, che una volta a e solo, si può dire, era aperto, è ora del
tutto precluso.

T11 Frontone, *Epistulae*, 125 (T13 Cornell)

*Pater Tullios iubilatus consiliorum suorum si in formam epitulae
contulisset (necessario brevius et expeditius et densius et, quod
interdum res poscit, inornantius), scripsisset melius.*

Se il padre Tullio [Cicerone] aveva tramandato l'esultante
celebrazione delle sue attività politiche tramite una lettera, essa
poteva [nondimeno] essere scritta meglio: ciò avrebbe reso
inevitabilmente l'opera più breve, più tersa, più compatta e,

come richiede talvolta il soggetto di una materia, espressa più semplicemente.

T12 Scoliaste di Bobbio, *Scolii all'orazione Pro Planco di Cicerone*, p. 270 Orellii (T6 Peter)

CICERO: *Te aiebas de tuis rebus gestis nullas litteras misisse, quod mihi meae, quas ad aliquem misisse obfuissent.*
SCHOLIA BOBIENSIA: *Significat epistulam non mediocrem ad instar voluminis scriptam,quam Pompeio in Asiam de rebus suis in consulatu gesti miserat Cicero, aliquanto, ut videbatur, insolentius scriptam, ut Pompei stomachum non mediocriter commoveret, quod quadam superiore iactantia omnibus se gloriosis ducibus anteponeret. Obfuerunt autem revera, nam sic effectum est, ut ei Pompeius contra Clodiana vim non patrocinaretur.*

CICERONE: «Dici che non ti ho mandato alcuno scritto che parli delle tue imprese, quando invece tu mi hai fatto pervenire uno che parlava delle mie».
SCOLIASTE DI BOBBIO: Si allude ad una lettera non breve , composta da diversi rotoli, che Cicerone aveva inviato a Pompeo in Asia, contenente la narrazione di quanto era avvenuto sotto il suo consolato. Ma era stata alquanto – a quel che sembra – scritta con una qual certa insolenza, al punto che fece torcere non poco lo stomaco di Pompeo, dato che con iattanza egli (scil. Cicerone) si giudicava superiore a tutto i condottieri più gloriosi. Non ottenne tuttavia l'effetto desiderato, poiché infatti, come risultato, Pompeo non prese le sue difese contro l'azione violenta che Clodio mosse nei suoi confronti.

Frammenti

F1 Plutarco, *Crasso*, 13, 4 (F1 *De consulatu suo* Garbarino; F1 Cornell)

... ἐν δὲ τῷ περὶ τῆς ὑπατείας ὁ Κικέρων νύκτωρ φησὶ τὸν Κράσσον ἀφικέσθαι πρὸς αὐτόν, ἐπιστολὴν κομίζοντα τὰ περὶ τὸν Κατιλίναν ἐξηγουμένην ὡς ἤδη βεβαιοῦντα τὴν συνωμοσίαν.

Ma nella sua opera sul proprio consolato Cicerone dice che Crasso venne da lui nottetempo con una lettera che descriveva le attività di Catilina in termini che ora confermavano l'esistenza della cospirazione.

F2 Plutarco, *Cicerone*, 20, 3 (F2 Cornell)

Ἡ δὲ Τερεντία ¬ καὶ γὰρ οὐδ' ἄλλως ἦν πραεῖά τις οὐδ' ἄτολμος τὴν φύσιν, ἀλλὰ φιλότιμος γυνὴ καὶ μᾶλλον, ὡς αὐτός φησιν ὁ Κικέρων, τῶν πολιτικῶν μεταλαμβάνουσα παρ' ἐκείνου φροντίδων ἢ μεταδιδοῦσα τῶν οἰκιακῶν ἐκείνῳ ¬ ταῦτα τε πρὸς αὐτὸ ἔφρασε καὶ παρώξυνεν ἐπὶ τοὺς ἄνδρας.

Terenzia, che non era certamente una donna priva di iniziativa e di coraggio, ma ambiziosa e – anzi – più propensa a partecipare con il marito alle preoccupazioni politiche – come dice lo stesso Cicerone – che far partecipare lui agli affari domestici, gli riferì il messaggio[49] e lo incitò contro i cospiratori.

F3 Plutarco, *Moralia*, 797D (F2 Cornell)

Κικέρων δ'αὐτὸς ὁμολογεῖ τὰ κάλλιστα καὶ μέγιστα τῶν συμβουλευμάτων οἷς ὤρθωσεν ὑπατεύων τὴν πατρίδα μετὰ Ποπλίου

---

[49]Ovvero la visione del fuoco che si riattizzava da solo dalle ceneri e gli offriva una visione del futuro attraverso la piromanzia. Siamo alla sera del 4 dicembre del 63 a.C.

Νιγιδίου τοῦ φιλοσόφουσυνθεῖναι.

E Cicerone stesso riconosceva che le decisioni più belle ed importanti, con cui, da console, aveva salvato la patria, le aveva concertate con il filosofo Publio Nigidio[50].

---

[50]Publio Nigidio Figulo, filosofo pitagorico, astrologo e grammatico. Era molto amico di Cicerone (cfr. CICERONE, *Lettere ai Familiari*, IV, 13, 2), nonché suo ascoltato consigliere politico. Divenne tribuno della plebe nel 60 a.C. e pretore nel 58 a.C. Pompeiano convinto, fu esiliato da Cesare dopo la sua vittoria e morì al confino dopo il 44 a.C.

De consiliis suis sive Expositio consiliorum suorum

Sui propri intendimenti politici

De consiliis suis sive Expositio consiliorum suorum

Testimonianze

T1 Dione Cassio, *Storia Romana*, XXXIX, 10, 2-3 (T5 Peter, T1 Garbarino; T14 Cornell)

… βιβλίον μέντοι τι ἀπόρρητον συνέθηκε, καὶ ἐπέγραψεν αὐτῷ ὡς καὶ περὶ τῶν ἑαυτοῦ βουλεμάτων ἀπολογισμόν τινα ἔχοντι, πολλὰ δὲ δὴ καὶ δεινὰ ἐς αὐτὸ καὶ ζῶντος αὐτοῦ ἐκφοιτήσῃ, κατεσημήνατό τε αὐτὸ καὶ παρέδωκε τῷ παιδί, προστάξας οἱ μήτ' ἀναγνῶναι μήτε δημοσιεῦσαι τὰ γεγραμμένα πρὶν ἂν μεταλλάξῃ.

Tuttavia egli (*scil.* Cicerone) compose un libro segreto con un titolo indicante che esso conteneva una giustificazione delle sue attività politiche. In esso egli accumulò una massa di terribili accuse relative ad entrambi (*scil.* Crasso e Cesare) e ad alcuni altri personaggi. Come risultato, egli divenne timoroso che l'opera potesse circolare entre egli era ancora in vita, cosicché la sigillò e la affidò a suo figlio, dandogli l'istruzione di non leggerla o pubblicarne il contenuto finché non fosse morto.

T2 Cicerone, *Lettere ad Attico*, XIV, 17, 6 (T11 Cornell)

Librum meum illum ἀνέκδοτον *nondum, ut volui, perpolivi; ista vero quae tu contexi vis aliud quoddam separatum volumen exspectant.*

Non ho ancora limato alla perfezione, così come avrei desiderato, quella mia opera di *Storia arcana*. Questi avvenimenti, poi, che tu vorresti venissero intrecciati nella sua trama, attendono un altro volume a parte.

T3 Plutarco, *Crasso*, 13, 4-5 (F1 Garbarino; T12 cornell)

Ὅμως δ' ὁ Κικέρων ἔν τινι λόγῳ φανερός ἐστι καὶ Κράσσῳ καὶ Καίσαρι τὴν αἰτίαν προστριβόμενος. Ἀλλ' οὗτος μὲν ὁ λόγος ἐξεδόθη μετὰ τὴν ἀμφοῖν τελευτήν, ἐν δὲ τῷ περὶ τῆς ὑπατείας ὁ Κικέρων νύκτωρ φησὶ τὸν Κράσσον ἀφικέσθαι πρὸς αὐτόν, ἐπιστολὴν κομίζοντα τὰ περὶ τὸν Κατιλίναν ἐξηγουμένην ὡς ἤδη βεβαιοῦντα τὴν συνωμοσίαν. Ὁ δ' οὖν Κράσσος ἀεὶ μὲν ἐμίσει τὸν Κικέρωνα διὰ τοῦτο, τοῦ δὲ βλάπτειν ἀναφανδὸν ἐμποδὼν εἶχε τὸν υἱόν.

Nondimeno, in una delle sue opere Cicerone fissa chiaramente la responsabilità [*scil.* della congiura di Catilina] sia su Crasso che su Cesare[51]. Tuttavia quest'opera venne pubblicata dopo che entrambi erano morti, ma nello scritto sul suo consolato, Cicerone dice[52] che Crasso venne da lui durante la notte con una lettera che descriveva le attività di Catilina in termini che ora confermano l'esistenza della cospirazione. Come risultato, Crasso odiò sempre Cicerone per questo, ma fu fermato dal nuocergli apertamente da suo figlio.

---

[51]Vedi F7.
[52]F1.

F1 Carisio, *Ars grammatica*, 186 (F3 Peter; F5 Cornell)

«Vectigaliorum» *Cicero ad Atticum; at enim in ratione coniliorum suorum, sed et de lege agraria* «vectigalium».

Cicerone, scrivendo ad Attico, adopera la forma «*vectigaliorum*», ma nella sua apologia delle proprie attività politiche, così come nel discorso sulla legge agraria, egli usa la forma «*vectigalium*».

F2a Agostino, *Contro Giuliano Pelagiano*[53], V, 5, 23 = Giuliano di Eclano, *A Turbanzio*, F 180 De Coninck (F4 Peter; F4 Garbarino; F6 Cornell)

Aures quoque hominis quo modo ei subderes invenisti et erexisti eius vetustissimum quidem sed plane gloriosissimum titulum, commemorans, quod in expositione consiliorum suorum Tullium posuit, quia cum vinolenti adolescentes tibiarum etiam cantu, ut fit, instincti, mulieris pudicae fores frangerent, admonuisse tibicinam ut spondeum caneret Pythagoras dicitur; quod cum illa fecisset, tarditate modorum et gravitate cantus illorum furentem petulantiam resedisse.

Hai inoltre scoperto come costringere le orecchie di un uomo ad ascoltarlo e hai rinnovato la sua antichissima ma veramente e totalmente gloriosa reputazione, richiamando ciò che Tullio [Cicerone] scrisse riguardo alle sue attività politiche: «Quando, come spesso accade, alcuni giovinastri ubriachi, eccitati dal suono dei flauti, avevano iniziato a sfondare l'uscio di una donna virtuosa, si dice che Pitagora avesse sollecitato una flautista a

---

[53] Su tale scritto di Sant'Agostino si veda N. CIPRIANI, *La controversia tra Giuliano d'Eclano e S. Agostino nell'*Opus imperfectum: *due teologie a confronto*, Institutum Patristicum Augustinianum, Roma 1991.

suonare una melodia spondaica[54], e allorché ella fece così, la lenta cadenza dei ritmi ed il solenne carattere di quella musica calmò la loro incontrollata aggressione».

F2c Boezio, *Musica*, 1.1, p. 184 Friedlein (F4 Peter; F3 Garbarino; F6b Cornell)

Cui enim est illud ignotum quod Pythagoras ebrium adulescentem Tauromenitanum sub Phrygii modi sono incitatum spondeo succinente reddiderit mitiorem et sui compotem? Nam cum scortum in rivalis domo esset clausum atque ille furens domu vellet amburere, cumque Pythagoras stellarum cursus, ut ei mos, nocturnus inspiceret, ubi intellexit sono Phrygii modi incitatu multis amicorum monitionibus a facinore noluisse desistere, mutari odu praecepit atque ita furentis animum adulescentis ad statum mentis pacatissimae temperavit, quod scilicet Marcus Tullius commemorat in eo libro que de consiliis suis composuit, aliter quidem, sed hoc modo: «Sed ut aliqua similitudine adductus maximis minima conferam, ut cum vinolenti adulescentes (...) gravitate canentis illorum furentem petulantiam consedisse».

Chi infatti non conosce [la storia di] un giovane uomo ubriaco, di Tauromenio[55], che era stato eccitato dal suono di una melodia

---

[54]Nella metrica classica, lo spondeo indicava un verso composto da un piede di due sillabe lunghe.

[55] L'odierna Taormina, in Sicilia. Su tale brano riporto l'acuto commento dell'insegnante Aurora Stella, Programmatore Neuro-Linguistico, Life Coach, Parent Educator Coach nonché Kinesiologa dell'apprendimento: «La musica è un susseguirsi di suoni caratterizzati dall'avere diversa altezza (frequenza), tono, intensità, durata, velocità, ritmo, "qualità" che suscitano in colui che ascolta sensazioni ed emozioni di vario tipo. Essa può rilassare, rasserenare, accelerare il battito cardiaco, può rattristare, risvegliare ricordi, commuovere, può esser piacevole, spaventosa, può rendere le persone maggiormente consapevoli di se stesse, più sensibili, ispirate, intuitive, creative e altro ancora. I suoni, a seconda delle caratteristiche sopra descritte quali altezza, intensità, etc., possono portare alla "sintonizzazione biemisferica", uno stato che permette una maggiore presenza mentale o, al contrario, ad una desintonizzazione. Il cervello è come un diapason, risuona secondo le

frigia e che fu poi calmato e fatto tornare in sé da Pitagora con l'aiuto di una melodia spondaica? Per [la passione che nutriva

---

frequenze che gli giungono: se la successione è di suoni veloci, intensi, ritmati il cervello modificherà la propria frequenza che naturalmente si alzerà con ogni probabilità in medio beta o alto beta, dove prevalgono atteggiamenti diversi da quelli che vi sono quando il cervello si trova allo stato alfa, lo stato proprio dello scrittore, del creativo, del musicista, del meditatore... In questi ultimi vi è una maggior capacità di riflessione, intuizione, discernimento, percezione, lucidità mentale. La melodia frigia che ha sentito il giovane di Tauromenio, ubriaco e quindi facilmente preda di impulsi e istinti, ha un ritmo veloce, che alza naturalmente la frequenza cerebrale tendendo a desintonizzare gli emisferi cerebrali, e i cembali, strumenti presenti nelle allora conosciute e comuni "feste/riti orgiastici" di Dioniso dove i partecipanti consumavano fiumi di vino (si veda al riguardo P. SCARPI, LE RELIGIONI DEI MISTERI, I, Fondazione Lorenzo Valla/Arnoldo Mondadori, Milano 2002, pp. 221-345). Il giovane, ubriaco, si era perciò ritrovato in una situazione simile a quella appena descritta, la musica aveva fatto il resto: in pratica i due elementi ubriachezza e musica avevano creato un "collegamento" che aveva condotto mentalmente il giovane, annebbiato, alle feste dionisiache e di conseguenza all'eccitazione che era propria in quel contesto". Questa è una tecnica ben conosciuta da coloro che gestiscono la pubblicità di prodotti di consumo e altro, ossia: creare "ancore", cioè collegamenti, che conducono o fanno sorgere in chi osserva, ascolta o percepisce, ricordi, impulsi, desideri di vario genere, come ad esempio acquistare un particolare prodotto. Naturalmente senza rendercene conto anche noi ci "installiamo ancore" sin da bambini e ce ne installano. Le ancore sono di vario tipo: suoni/musiche, immagini, parole, oggetti, eventi, persone... e da professionista di Programmazione Neuro-Linguistica posso assicurare che l'esperto le può creare su misura e usare in vari modi, per aiutare, favorire, stimolare ad agire, ricordare, secondo le necessità.
Tornando al frammento di Cicerone, fortunata fu quella povera donna perché Pitagora, che ben conosceva l'influenza dei suoni e della musica (cfr. PORFIRIO, *Vita di Pitagora*, 32), si affrettò a ordinare che la melodia venisse cambiata riuscendo così a calmare il giovane, portandolo ad uno stato della mente maggiormente presente e consapevole. La musica spondaica, infatti, essendo lenta rispetto alla frigia, aveva influenzato il giovane modificando la sua frequenza cerebrale che era scesa immediatamente allo stato alfa dove la sintonizzazione biemisferica lo aveva reso maggiormente presente. È consigliabile mantenere uno stato vigile e rilassato che permetta un maggior controllo dei propri stati d'animo e sfruttare la musica a nostro vantaggio poiché essa ha la capacità di influenzare l'uomo cambiandone lo stato emotivo, fisico e mentale».

nei confronti di] una prostituta si era avvicinato alla casa di un rivale e, nella sua follia, egli voleva appiccarvi il fuoco. Pitagora stava osservando il moto delle stelle durante la notte, come regolarmente faceva. Quando realizzò che il giovane era stato eccitato dal suono del flauto frigio e che rifiutava di recedere dal proprio intento criminale a dispetto delle ripetute grida dei suoi amici, egli ordinò che la melodia fosse cambiata e così calmò lo spirito del giovane, portandolo ad un più placido stato della mente. Marco Tullio [Cicerone] riferisce ciò nel suo libro che egli scrisse intorno alle sue attività politiche, in una forma differente, così come segue: «Ma come io confronto cose piccole con quelle grandi, indotto da una certa rassomiglianza fra di esse, così [mi sovviene di] quando un adolescente ubriaco (…), indotto da una musicista che eseguì una melodia solenne, calmò la sua incontrollata aggressione».

F2d Vincenzo di Beauvais, *Speculum Historiae*, 3 (4).24 (F6c Cornell)

Tullius libro de consiliis: «Tauromenitanum iuvenem libidine flagrantem cum audisse Pythagoras ad ostium amicae meretricis insanire, iussit psaltriam canere per spondeum et ita eum ad sanam mentem revocavit».

Tullio [Cicerone scrisse] nel suo libro *De consiliis*: «Quando Pitagora apprese di un giovanotto di Tauromenio che, infiammato dalla lussuria, voleva commettere una pazzia sulla porta di una sua amica prostituta, ordinò ad un'arpista di eseguire un ritmo spondaico, ed in tal modo lo ricondusse alla sanità mentale».

F3 Plutarco, *Crasso*, 13, 4 (F1 Peter; F1 Garbarino; F7 Cornell)

Ὅμως δ' ὁ Κικέρων ἔν τινι λόγῳ φανερός ἐστι καὶ Κράσσῳ καὶ Καίσαρι τὴν αἰτίαν προστριβόμενος. Ἀλλ' οὗτος (…) ὁ λόγος ἐξεδόθη μετὰ τὴν ἀμφοῖν τελευτήν.

Nondimeno, in una delle sue opere, Cicerone fissa chiaramente la responsabilità [*scil. d*ella congiura di Catilina] sia a Crasso che a Cesare. Tuttavia quest'opera (...) fu pubblicata solo dopo che entrambi erano morti.

F4 Asconio *In toga candida*, 65 St = 83C (F2 Peter; F2 Garbarino; F4 Cornell)

CICERO: *Dico, patres conscripti, superiore nocte cuiuda homins nobilis et valde in hoc largitionis quaestu noti et cogniti domum Catilinam et Antonium cum sequestribus suis convenisse.*
ASCONIUS: *Aut C. Caesaris aut M. Crassi domum significat. Ei enim acerrimi ac potentissimi fuerunt Ciceronis refragatores cum petiit consulatum, quod eius in dies civilem crescere dignitatem aniadvertebant: et hoc ipse Cicero in expositione consiliorum suorum significat. Sed eius quoque coniurationis quae Cotta et Torquato consulibus ante annum quam haec dicerentur facta est a Catilina et Pisone, arguit M. Crassum auctorem fuisse.*

CICERONE: Membri del Senato, io asserisco che la scorsa notte Catilina ed Antonio, assieme ai loro agenti, si sono incontrati nell'abitazione di un certo nobile individuo, un uomo che è assai ben conosciuto, nonché una figura familiare in questo lucroso mercato dei brogli elettorali.
ASCONIO: Cicerone si riferisce alla casa di Gaio [Giulio] Cesare o a quella di Marco [Licinio] Crasso. Costoro erano i più determinati e potenti avversari di Cicerone quand'egli era candidato al consolato, dato che essi potevano vedere crescere di giorno in giorno la sua statura politica a Roma: e questo è ciò che Cicerone stesso indica nel suo racconto sulle sue attività politiche. In effetti egli accusa inoltre Marco Crasso di essere stato dietro alle quinte della cospirazione tramata da Catilina e da Pisone nel consolato di Cotta e di Torquato, un anno prima che questo

discorso fosse pronunciato.

Bibliografia

P. ACROSSO, C. D'ALESSIO, *Mondo mitologico*, Società Editrice Dante Alighieri, Città di Castello 1988

ANNA COMNENA, *L'Alessiade* (2 voll.), tradotta per la prima volta nella italiana lingua da G. Rossi, dalla Stamperia di Paolo Andrea Molina, Milano 1846-1849

ASCONIO, *Commentarii*, recognovit C. Giarratano, A. Nardecchia Editore, Roma 1920

A. BAEHRENS (a cura di), *Fragmenta poetarum Romanorum*, Teubner, Lipsiae 1886

BOEZIO, *Pensieri sulla musica*, a cura di A. Damerini, La Vita Felice, Milano 2020

BIBBIA DI GERUSALEMME, a cura di F. Vattioni, Edizioni Dehoniane, Bologna 1990⁹

CARISIO, *Ars Grammatica*, in «Grammatici Latini», ex recensione H. Keil, I, Cambridge University Press, Cambridge 2009 (ed. originale, Teubner 1855)

CARLO V, *Commentari*, da «Comentarios de l'emperador Cárlos Quintos», publicados por la priera vez en bruselas por K. De Lettenhove y traducidos al castellano por L. De Olona, Imprent de Manuel Galiano, Madrid 1862

D. CINTI, *Dizionario mitologico*, Sonzogno, Milano 1989

G.M. CORRIAS, *Dèi e religione dell'antica Roma*, Arkadia, Cagliari 2015

– *Gli Dèi di Roma antica*, Uno Editori, Orbassano (Torino) 2017

M. CHASSIGNET (a cura di), *L'annalistique romaine* (3 voll.), *L'annalistique récente. L'autobiographie politique*, Les Belles Lettres, Paris 2004

E. CIACERI, *Cicerone e i suoi tempi* (2 voll.), Società Anonima Editrice Dante Alighieri, Milano 1939–1941

CICERONE, *Lettere* (10 voll.), traduzione di A. Cesari, presso A.F. Stella & Figli, Milano 1826-1831

– *Lettere ad Attico* (2 voll.), a cura di C. Di Spigno, Utet, Torino 2005[2]

– *Lettere ad Attico* (3 voll.), a cura di C. Vitali, Zanichelli, Bologna 1989

– *Lettere ai familiari* (3 voll.), a cura di C. Vitali, Zanichelli, Bologna 1968-1973

– *Lettere a Marco Bruto; Lettere al fratello Quinto; I frammenti delle lettere; Lettere ad Ottaviano*, a cura di L. Lenaz, Mondadori, Milano 1980

– *Le Catilinarie*, a cura di L. Storoni Mazzolani, Rizzoli, Milano 1994

– *Dei Doveri*, a cura di M. Rizzotto, Primiceri, Padova 2021

– *Della divinazione*, a cura di S. Timpanaro, Garzanti, Milano 1999

T.J. CORNELL (a cura di), *The Fragments of the Roman Historians* (3 voll.), Oxford University Press, Oxford 2013

DIONE CASSIO, *Istorie Romane* (5 voll.), tradotte da G. Viviani, Sonzogno, Milano 1823

– *Storia Romana* (9 voll.), a cura di G. Norcio e altri, Rizzoli, Milano 1995-2018

B.H. DOWNING, *La Bibbia e i dischi volanti*, Il Cerchio della Luna, Verona 2012

B. DYLAN, *Canzoni d'amore e di protesta*, a cura di S. Rizzo, Newton Compton, Roma 1972

FRONTONE, *Opere*, a cura di F. Portalupi, trad. italiana a fronte, Utet, Torino 1974

– *M. Cornelii Frontonis epistulae: schedis tam editis quam ineditis*, edidit J. Van den Hout, Teubner, Lipsiae 1988

G. DUMÉZIL, *La religione romana arcaica*, Rizzoli, Milano 2017

G. GARBARINO (a cura di), *M. Tulli Ciceronis Fragmenta ex libris philosophicis, ex aliis libris deperditis, ex scriptis incertis*, Arnoldo Mondadori, Milano 1984

M. HEIDEGGER, *Ontologia. Ermeneutica della effettività*, Guida Editori, Napoli 1998[2]

(GIOVANNI) LIDO, *Sui Prodigi*, da «Johannis Laurentii Lydi De Ostentis quae supersunt», edidit Graecaque supplevit et latine vertit C.B. Hase, ex Typographia Regia, Parisiis 1823

– *Liber de Ostentis*, edidit C. Wachsmuth, Teubner, Lipsiae 1863

(Tito) Livio, *Storia di Roma dalla sua fondazione*, (13 voll.), a cura di C. Moreschini, M. Mariotti et al., Rizzoli, Milano 1990⁴–2003

– *Storia di Roma dalla fondazione* (6 voll.), a cura di G.D. Mazzocato, Newton Compton, Roma 1997

P. Nenni, *Vent'anni di Fascismo*, Edizioni Avanti!, Milano 1964

Nonio Marcello, *De compendiosa doctrina*, edited with introduction and critical apparatus by J.H. Onions, Clarendon Press, Oxford 1895

E. Narducci, *Cicerone e l'eloquenza romana. Retorica e progetto culturale*, Laterza, Roma-Bari 1997

(Giulio) Ossequente, *Prodigi*, a cura di P. Mastandrea e M. Gusso, Mondadori, Milano 2005

– *Il Libro dei Prodigi*, a cura di S. Boncompagni, Edizioni Mediterranee, Roma 1992

H. Peter (a cura di), *Historicorum Romanorum Fragmenta*, Teubner, Lipsiae 1883

Plinio il Vecchio, *Storia Naturale* (5 voll.), edizione diretta da G.B. Conte con la collaborazione di A. Barchiesi e G. Ranucci, Einaudi, Torino 1982-1988

Plutarco, *Vite parallele. Demostene e Cicerone*, introd. di J. Geiger, trad. di B. Mugelli, note di L. Ghilli, Rizzoli, Milano 1998

– *Vite parallele. Nicia e Crasso*, introd. di A. Garzetti, trad. e note di D. Manetti, Rizzoli, Milano 1999

– *Le Vite di Arato e di Artaserse*, a cura di M. Manfredini e D.P. Orsi, Fondazione Lorenzo Valla/Arnoldo Mondadori, Milano 2000

– *Tutti i Moralia*, a cura di E. Lelli e G. Pisani, Bompiani, Milano 2017

Porfirio, *Vita di Pitagora*, a cura di A.R. Sodano e G. Girgenti, Rusconi, Milano 1998

P. Scarpi, *Le religioni dei misteri*, I, Fondazione Lorenzo Valla/Arnoldo Mondadori, Milano 2002

Scoliaste di Bobbio, *Scholia in Ciceronis orationes Bobiensia*, edidit P. Hildebrandt, Teubner, Leipzig 1907

R. STOTHERS, *Unidentified Flying Objects. Classical Antiquity*, «The Classic Journal», 103, 1-2007, pp. 79-92

W. STROH, *Cicerone*, Il Mulino, Bologna 2010

SVETONIO, *Vita dei Cesari*, introduzione di L. De Salvo, traduzioni di F. Casorati, D. Medici, R. Pagan, C. Valerio, Newton Compton, Roma 1995

(MAURO) TERENZIANO, *De litteris, de syllabis, de metris* (2 voll.), a cura di C. Cignolo, Olms, Hildesheim 2002

T. TONIUTTI, *Ufo, parla Obama: "Oggetti volanti non identificati, esistono ma non sappiamo cosa siano"*, La Repubblica, 21/05/2021

VINCENZO DI BEAUVAIS, *Speculum Maius*, a cura di H. Liechtenstein, Venezia 1494 (incunabolo liberamente consultabile su Google Libri)

P. ZULLINO, *Catilina. L'inventore del colpo di Stato*, Rizzoli, Milano 1985

Repertorio delle fonti*

Asconio

Quinto Asconio Pediano era nativo di Padova, e visse, secondo la congettura più plausibile, dal 9 a. C. al 76 d.C.

Aveva commentato, in ordine cronologico, perlomeno sedici orazioni di Cicerone, ma si è conservato in ordine confuso e con qualche lacuna, solo il commento di cinque orazioni (*Contra L. Pisonem, Pro M. Scauro, Pro Milone, Pro Cornelio de maiestate, In toga candida contra C. Antonium et L. Catilinam competitores*), nonché un frammento di quello della seconda orazione *Pro Cornelio*.

Il commento di Asconio è di carattere storico e rappresenta il frutto di serie e scrupolose ricerche. L'autore consultò con molta diligenza le opere di Cicerone, le *Storie* di Sempronio Tuditano, di Valerio Anziate, di Varrone, di Sallustio, di Livio, di Fenestella e di altri ancora, oltre alle orazioni degli amici e degli avversari di Cicerone, ed infine la cronaca quotidiana dell'Urbe voluta da Cesare, gli *Acta diurna*.

Il tono del commento è piacevole e colloquiale, giacché infatti Asconio lo compose per i suoi figli, e talora ad essi rivolge il discorso. Lo stile è semplice e chiaro, la lingua quasi sempre pura.

Asconio aveva composto anche altre opere, ma di esse sono noti solamente i titoli e qualche citazione: il *Liber contra obtrectatores Vergilii*, la *Vita Sallustii*, il *Symposion*. Invece il commento alle *Verrine*, che la tradizione manoscritta gli attribuisce, è opera di un grammatico del V sec. d.C.

I *Commentarii* di Asconio Pediano vennero scoperti dall'umanista Poggio Bracciolini nel monastero di San Gallo nel 1416. Del

---

*Si esclude ovviamente dal presente repertorio Cicerone stesso con le sue autocitazioni.

codice di San Gallo, oggi perduto, esistono alcune copie: il *Codex Pistoriensis*, *Forteguerri 37*, il *Matritensis X 81*, e il *Laurentianus LIV 5*. La prima edizione a stampa venne data alla luce a Venezia nel 1477.

(Sant')Agostino

Aurelio Agostino nacque a Tagaste, in Numidia, 13 novembre del 354, morendo come vescovo di Ippona, mentre la città era assediata dai Vandali di re Genserico, il 28 agosto del 430 d.C. Trattasi del notissimo Padre, dottore e santo della Chiesa Cattolica, detto anche *Doctor Gratiae* ("Dottore della Grazia"). Ritenuto a ragione il maggiore rappresentante della Patristica, è stato definito (da Monsignor Antonio Livi) «il massimo pensatore cristiano del primo millennio e certamente anche uno dei più grandi geni dell'umanità in assoluto».
Se le *Confessioni* sono la sua opera più celebre, si segnala per importanza, nella vastissima produzione agostiniana, *La città di Dio* e il trattato *De Trinitate*.

Boezio

Anicio Manlio Torquato Severino Boezio nacque a Roma nel 480 d.C. Suo padre, Flavio Narsete Manlio Boezio, console nel 487, morì quando il figlio non aveva ancora terminato la sua formazione. Boezio fu allora accolto nella casa di Quinto Aurelio Memmio Simmaco, discendente del Simmaco che un secolo prima aveva capeggiato il Senato, in grande maggioranza ancora pagano, nel chiedere all'imperatore che venisse rimesso al suo posto l'altare della Vittoria. Boezio sposò la figlia di Simmaco, Rusticiana, e da essa ebbe i due figli, di nome Simmaco e Boezio. Boezio si legò alla fazione politica capeggiata da Simmaco che godeva vasto potere alla corte di Teodorico, re degli Ostrogoti d'Italia, e a quella di Costantinopoli. Boezio verrà più volte pregato da Teodorico stesso di mettere a disposizione della corte le sue conoscenze relative al quadrivio delle arti liberali. Nel frattempo egli concepì l'ambizioso progetto di tradurre in latino le opere di Platone e di Aristotele. Tuttavia Teodorico, nei suoi ultimi anni, divenne sospettoso di tradimenti e congiure, e Severino venne imprigionato a Pavia e qui giustiziato, perché reo di aver parlato a favore di alcuni nobili romani accusati dal re di collusione con i Bizantini.

Durante la prigionia, in attesa dell'esecuzione capitale, Boezio scrisse i cinque libri del *De consolatione philosophiae*: essi si presentano come un dialogo nel quale la Filosofia, personificata da «una donna di aspetto oltremodo venerabile nel volto, con gli occhi sfavillanti e acuti più della normale capacità umana; di colorito vivo e d'inesausto vigore, benché tanto avanti con gli anni da non credere che potesse appartenere alla nostra epoca», dimostra che l'afflizione patita da Boezio per la sventura che lo ha colpito non ha in realtà bisogno di alcuna consolazione, rientrando nell'ordine naturale delle cose, governate dalla Provvidenza divina.

Il *De Institutione Musica* (scritto tra il 500 ed il 507 d.C. ca.) di Boezio è un'opera importante per diversi campi di studio che vanno dalla musica alla filosofia medievale fino alla letteratura scientifico-musicale medievale e rinascimentale; questo trattato influenzò il processo di evoluzione della dottrina cristiana e la concezione della musica per quasi otto secoli, diventando la prima base su cui fondare e confutare nuove teorie e successivamente porle in discussione. Uno dei meriti di Boezio è quello di impostare il suo lavoro sulla cultura classica e di fornire un'idea ed una testimonianza importante di opere altrimenti a noi sconosciute; questa scelta proviene dall'esigenza dell'autore di recuperare quella che era considerata la vera cultura in un momento di crisi della cultura latina.

Carisio

Flavio Sosipatro Carisio, appartenente alla illustre famiglia

Flavia e forse nativo dell'Africa, fu convocato a Costantinopoli per prendere il posto di Evanzio, un noto commentatore di Terenzio.

Carisio compose un'*Ars Grammatica* in cinque libri, indirizzati a suo figlio (che non era di madrelingua latina, come mostra la prefazione), giuntaci mutila: infatti l'inizio del primo, una parte del quarto e la maggior parte del quinto libro sono andati perduti. L'opera, che non brilla per originalità, riveste però una certa importanza perché in essa Carisio riunisce e commenta opere di grammatici anteriori come Remmio Palemone, Giulio Romano e Comminiano, di cui altrienti avremmo poche testimonianze.

Cassio Dione

Cassio Dione Cocceiano nacque a Nicea, in Bitinia, nel 155 d.C. Suo padre era un senatore romano, nonché governatore di Cilicia e Dalmazia, il cui nome era Cassio Aproniano. Dione lasciò Nicea ancora giovane ed iniziò a compiere una lunga serie di viaggi: seguì dapprima il padre nel suo governatorato in Cilicia, poi, nel 180 d.C. – agli inizi del regno dell'Imperatore Commodo – si trasferì a Roma.

Il periodo durante il quale regnò Commodo (180 – 192 d.C.) fu abbastanza turbolento e pericoloso per la classe dei senatori, particolarmente presa di mira dal giovane Imperatore. Nondimeno Dione riuscì ad evitare di incorrere nell'ira del sovrano e poté anzi dare il via ad una promettente carriera politica. La sua situazione migliorò ancora sotto il regno dell'illuminato Elvio Pertinace (1 gennaio – 28 marzo 193 d.C.), che lo nominò pretore e gli confermò la propria stima in vari modi, e poi sotto quello di Didio Giuliano (28 marzo – 2 giugno 193 d.C.), sebbene costui in passato fosse stato un suo nemico personale.

Per un po' di tempo Cassio Dione ritenne più prudente tenersi in disparte, pur partecipando ad alcuni importanti momenti della vita pubblica: ratificò la nomina di Settimio Severo a Imperatore, proposta dal console Silio Messala, non appena Didio Giuliano era stato decapitato dalla guardia pretoriana (28 marzo 193 d.C.); assistette al fastoso ingresso di Severo in Roma, e partecipò alla seduta del Senato in cui il nuovo Imperatore dichiarava la sua (poi non mantenuta) volontà conciliatrice; ascoltò l'elogio funebre di Pertinace; assistette alle accuse rivolte da Severo ai senatori che avevano parteggiato per i suoi rivali; prese parte come giudice – accanto allo stesso Imperatore – al processo contro l'ex prefetto del Pretorio Plauziano, responsabile dell'uccisione di Pertinace, e ne decretò la condanna a morte; prese parte al sontuoso banchetto con cui Severo festeggiò i suoi primi dieci anni di regno.

Nel 216 d.C. Dione lasciò brevemente Roma e tornò nella sua città natale, Nicea. Da qui si spostò a Nicomedia, dove fece parte della delegazione cittadina che andò ad accogliere l'arrivo di Caracalla, di passaggio in città nella sua marcia contro i Parti, cui intendeva muovere guerra. Dato che ormai la brutta stagione era sopraggiunta, Caracalla decise di svernare in città, passando il suo tempo fra feste e bagordi. Cassio Dione aveva ricevuto la poco gradita incombenza di procurare al sovrano le pietanze più ricercate. Un giorno fece a Dione l'inusitata cortesia di chiamarlo accanto a sé, mentre egli recitava dei versi di Euripide, nominandolo poi curatore a Smirne, in Turchia.

Terminata la curatela di Pergamo e Smirne, Dione fece ritorno nella sua patria, Nicea, dove si ammalò e fu costretto a fermarsi per qualche tempo. Nel 222 – dopo l'uccisione dell'estroso Eliogabalo – salì al trono suo cugino, il giovane e illuminato Alessandro Severo (222 – 235 d.C.). Costui, che nutriva una certa stima per Dione, gli affidò un incarico civile da svolgere in Africa. Non appena tornò a Roma, Dione si incontrò con il colto e mite Alessandro, e tra i due nacque subito una cordiale amicizia e si instaurò un rapporto di reciproca stima. L'Imperatore gli affidò infatti comandi militari in Dalmazia e in Pannonia (l'odierna Ungheria). Qui i legionari, assai indisciplinati, furono rimessi in riga dai duri comandi di Dione. Soddisfatto del lavoro compiuto dal Nostro, Alessandro Severo lo ripagò con il consolato, che esercitò assieme allo stesso Imperatore nel 229 d.C., il massimo onore concepibile.

Dopo questa data Dione dimorò per breve tempo nella sua villa di Capua, dove però fu incolto da una malattia ai piedi; in seguito a ciò decise di lasciare l'Italia e di tornare a Nicea, in ottemperanza ad un sogno che gli aveva consigliato di fare come l'eroe troiano Ettore, il quale – ispirato da Zeus – si ritirò dalla mischia. Morì nella sua città natale nel 230 d.C.

Il capolavoro di Cassio Dione è la *Storia Romana*, redatta in lingua greca, ossia la storia di Roma dallo sbarco di Enea in Italia sino all'anno 229 d.C. L'opera, composta di ben 80 libri, ci è giunta in modo piuttosto lacunoso: ci sono giunti integri soltanto i libri XXXVI-LX, che comprendono gli avvenimenti dal 68 a.C. al 47 d.C. A questi però vanno aggiunti due importanti riassunti redatti a Costantinopoli da due storici bizantini, il monaco Xifilino (XI sec. d.C.) e Giovanni Zonara (XII sec. d.C.).

Frontone

Marco Cornelio Frontone nacque a Cirta, in Numidia, all'inizio del II d.C. - m. 170 circa). Celebre già al tempo di Adriano, fu console nel 143 sotto Antonino Pio, che gli affidò l'educazione dei suoi successori Marc'Aurelio e Lucio Vero. Gli scritti di Frontone vennero scoperti dal cardinale Angelo Mai all'interno di un palinsesto di Bobbio risalente al VI sec. d.C., di cui la parte più consistente venne rinvenuta nella Biblioteca Ambrosiana di Milano, e pubblicata nel 1815, e un'altra parte nella Biblioteca Vaticana e pubblicata, assieme alla precedente, nel 1823 (e nuovamente nel 1846).

Fra gli scritti frontoniani superstiti occupa un posto particolare l'*Epistolario*: trattasi di cinque libri di lettere indirizzate a Marc'Aurelio, allorché era stato designato come erede al trono imperiale, due libri di lettere a Marc'Aurelio divenuto ormai imperatore, due libri di epistole a Lucio Vero; ci sono inoltre altre missive rivolte ad Antonino Pio e agli amici.

Parecchie lettere sono scritte in una sorta di miscuglio di latino e di greco, mentre alcune completamente in greco. Sono uniti ad esse altri scritti retorici, ovvero il *De bello Parthico*, sulla campagna di Lucio Vero contro i Parti; i *Principia historiae*, dedicati alle opinioni di Frontone sulla storiografia, sull'amore; sulla favola di Arione; le *Laudes fumi et pulveris*; le *Laudes neglegentiae*, e altri scritti minori.

Frontone nella sua ricerca di termini arcaicizzante, cita ampi passi di Plauto, Ennio, Catone, Lucrezio e Sallustio. Grazie a ciò gli scritti di Frontone risultano preziosi per i grammatici di epoca successiva, ma va detto che la ricerca affettata di semplicità, l'uso di termini ricercati e di grecismi preannunciano la regressione di quella cultura arcaica che Frontone intendeva così fortemente esaltare.

Nonio Marcello

Filologo romano, nativo della Numidia, sembra avere scritto al principio del secolo IV d.C.; fu l'autore di un'opera grammaticale e lessicale, il *De compendiosa doctrina per litteras ad filium*, in venti capitoli, di cui il 16°, il *De genere calciamentorum*, è andato perduto. L'ordine alfabetico (*per litteras*) è mantenuto soltanto in tre capitoli (2-4), e anche lì probabilmente non originario, né è certo se lo si debba a una rielaborazione di Nonio stesso: da qui deriva comunque l'indicazione *per litteras* del titolo, e, sebbene i capitoli 2-4 costituiscano il grosso nucleo del lavoro, potrebbe essere stata interpolata.

Nonio è poco più che un trascrittore o un compilatore, e nemmeno attento o molto diligente. La sua importanza consiste quasi per intero nel fatto che ci ha conservato resti di una inestimabile letteratura perduta, sia tramite le citazioni di poeti e di prosatori, sia in estratti di ottimi libri eruditi, come di Flavio Capro, testi grammaticali, lessicali, glossografici, esegetici. Il fondo deriva dagli arcaicizzanti dell'era frontoniana: di qui il carattere e il valore della raccolta. Il nocciolo della quale è costituito da serie di citazioni degli autori o di determinati loro scritti, che ritornano sempre nell'identica disposizione, e sopra questa base è costruita la materia, che riguarda il significato delle parole, il genere dei sostantivi, i sinonimi, le forme attive e passive dei verbi, l'irregolarità della declinazione, la reggenza dei casi e così via, e poi dal capitolo 12 la nomenclatura delle navi, delle vesti, dei vasi, dei colori, di cibi e bevande, delle armi, delle parentele, etc. Insomma, un prezioso repertorio fatto da un uomo che aveva come scopo quello di accumulare materiale più antico senza essere a sua volta veramente dotto.

Plutarco

Plutarco nacque a Cheronea, in Beozia, intorno all'anno 47 d.C. Apparteneva ad una ricca e nobile famiglia, che si curò di fargli compiere approfonditi studi filosofici; soggiornò e studiò quindi ad Atene, presso la scuola del filosofo Ammonio, che gli trasmise un grande amore per Platone. Si impegnò anche nell'apprendimento della retorica e della matematica. Terminati gli studi compì una lunga serie di viaggi, specialmente in Asia Minore, in Egitto e in Italia. Qui ebbe più volte modo di soggiornare a Roma, dove si trattenne a più riprese, nell'80 e nel 90 d.C. Si guadagnò un certo prestigio presso i nobili e la stessa corte imperiale, al punto che l'Imperatore Traiano (98 – 117 d.C.) gli conferì la cittadinanza romana. Con l'avvento al trono di Adriano, Imperatore amante della cultura greca, la posizione di Plutarco migliorò ulteriormente, tanto da indurre il sovrano ad assegnargli un certo numero di cariche onorifiche. Una preziosa fonte bizantina, il Lessico Suida, ci informa che fu nominato console e poi sovrintendente dell'Illiria; Eusebio di Cesarea, storico cristiano del IV secolo, afferma che abbia inoltre ottenuto la nomina a procuratore dell'Acaia, il che costituirebbe il culmine della sua brillante carriera. Nonostante ciò, Plutarco rimase sempre molto attaccato alla sua patria d'origine, Cheronea, dove ebbe modo di condurre una vita tranquilla, attorniato da parenti ed amici, con cui formò un piccolo circolo letterario. A Cheronea Plutarco volle pure svolgere un incarico amministrativo, divenendo arconte eponimo e sovrintendente all'attività edilizia. Il suo attaccamento alla tradizione è testimoniato anche dalla carica di sacerdote del tempio di Apollo a Delfi, che ricoprì per ben vent'anni, ininterrottamente. Si colloca la morte di Plutarco intorno al 127 d.C.

A Plutarco è attribuita una produzione letteraria veramente impressionante: il *Catalogo di Lampria* (un antico indice attribuito a torto a Lampria, figlio di Plutarco) indica ben 227 opere plutarchee, che si possono suddividere in due distinti gruppi: le *Vite Parallele* e i *Moralia*. Sotto il nome di *Moralia* si raggruppano all'incirca 80 opere di svariata natura e argomento, suddivisibili in scritti di genere retorico, filosofico e religioso, di divulgazione, filologico e letterario, scientifici ed eruditi. La definizione complessiva di *Moralia* si deve al dotto bizantino Massimo Planude (XIII sec. d.C.), che riordinò la raccolta degli scritti.

Ma ciò che più interessa qui è il vasto *corpus* delle *Vite Parallele*: si tratta di un vasto insieme di biografie di illustri personaggi del mondo greco e di quello romano, accostati a coppie in base a una certa analogia che Plutarco vuole intuire nel corso delle loro esistenze. Di volta in volta, la coppia di biografie è seguita da una *synkrìsis*, o confronto.

Quintiliano

Marco Fabio Quintiliano nacque nell'odierna Calahorra, in Spagna, tra il 35 ed il 40 d.C. Egli era destinato ad essere fu il primo retore stipendiato dallo Stato, un altissimo onore cui si aggiunse in seguito il conferimento della dignità consolare.

Giunto dalla Spagna nell'Urbe assieme al padre retore, studiò con Remmio Palemone e Domizio Afro grammatica e retorica; tornò poi in Spagna, ma nel 68 era di nuovo a Roma al seguito di Galba. Qui prese a esercitare l'avvocatura, e aprì una scuola privata di oratoria, trasformata poi, nel 74 d.C., in istituzione pubblica: così, come si diceva, Quintiliano divenne il primo retore stipendiato dallo Stato, un onore conferitogli dall'imperatore Vespasiano, che in seguito lo insignì del titolo di console.

Si dedicò all'insegnamento per più di vent'anni, e conseguì una grandissima fama, oltre che come avvocato, come educatore; tra i suoi allievi ebbe giovani di famiglie illustri, tra cui Plinio il Giovane e due nipoti adottati da Domiziano. Fu di temperamento severo, ma profondamente umano; per lui la moralità era a fondamento dell'attività e la lingua doveva rispecchiare la dignità del pensiero. Morì forse intorno al 96 d.C.

Sallustio

Gaio Sallustio Crispo nacque nell'86 a.C. ad Amiternum, in Sabina, da un'agiata famiglia di origine plebea, fatto questo che condizionerà la sua visione della Storia. Ben poco si conosce della sua giovinezza e dei suoi studi, se non che ebbe modo di conoscere approfonditamente le opere storiche di Catone e di Tucidide. Per dare compiutezza alla propria educazione, Sallustio si recò a Roma: non essendo un membro della nobiltà iniziò la sua carriera come *homo novus*: entrò nel partito dei *Populares* – di tendenze antiaristocratiche – e sposò fedelmente la causa di Giulio Cesare, che mirava, nel suo programma politico, a favorire le classi dirigenti italiche dell'intera Penisola, e non solo di Roma. Tra il 70 e il 60 a.C. militò nell'esercito romano, passo indispensabile per iniziare una promettente carriera politica. Tra il 55 e il 54 a.C. divenne questore, fatto che gli permise di entrare in Senato e di farsi poi eleggere tribuno della plebe (52 a.C.). Si trattò di un anno molto intenso per Sallustio e per Roma in generale: Clodio – tribuno sostenitore di Cesare – fu assassinato dagli sgherri dell'aristocratico Milone, che subì un celebre processo da cui uscì condannato, nonostante fosse stato difeso da Cicerone in persona. Sallustio, nel corso di questi eventi, attaccò Milone con una notevole violenza verbale, cosa che gli attirò l'odio dei nobili. Nel 50 a.C., pertanto, con la fittizia e pretestuosa accusa di condurre una vita dissoluta e immorale, Sallustio fu espulso dal Senato. In realtà tutti sapevano che in Senato Sallustio era la "voce" di Cesare, che così fu privato di un ottimo collaboratore. Dato che una guerra civile era ormai imminente, Sallustio abbandonò Roma e si recò in Gallia, presso il suo protettore Cesare, che gli affidò importanti incarichi nella guerra contro Pompeo (49 – 48 a.C.); pare però che Sallustio fosse destinato a dare cattiva prova di sé come comandante militare. Ad ogni modo, una volta che Cesare si fu impadronito di Roma, reintegrò Sallustio nell'assemblea senatoria (49 a.C.). Rientrato in carreggiata – con il palese appoggio di Cesare –, Sallustio fu nominato nuovamente questore nel 48 a.C. e pretore nel 47, con il compito di sedare una rivolta delle truppe cesariane in Campania, peraltro fallendo clamorosamente. Nel 46 a.C., dopo la vittoriosa battaglia di Tapso, in Africa, contro i pompeiani e re Giuba, Cesare nominò Sallustio proconsole e governatore dell'Africa Nova, la nuova provincia creata con l'annessione di parte del regno di Numidia, colpevole di essersi schierato con i pompeiani. Nel 45 a.C. Sallustio – arricchitosi in modo straordinario – tornò a Roma, dove fu accusato di malgoverno e di essersi impadronito illecitamente delle ricchezze della provincia da lui retta. Fu tuttavia assolto grazie al diretto intervento di Cesare, e da lui riabilitato. Nondimeno, dopo che, nel 44 a.C., il dittatore venne assassinato, Sallustio decise di ritirarsi dalla vita pubblica. Con le sue ricchezze poté acquistare l'ex villa di Cesare a Tivoli nonché un lussuoso palazzo a Roma, situato fra il Quirinale ed il Pincio, circondato da immensi e splendidi giardini, i celebri *Horti Sallustiani*. In questo sontuoso luogo di ritiro e di meditazione, Sallustio poté dedicarsi in tutta tranquillità alla composizione delle proprie opere storiche. Morì nel 35 – 34 a.C., in base a quanto tramandato da San Gerolamo.

Sono a noi pervenute integre due monografie storiche di Sallustio, ossia *La congiura di Catilina* e *La guerra contro Giugurta*, entrambe composte tra il 43 e il 40 a.C. *La congiura di Catilina* (*De Catilina coniuratione*), breve monografia storica in 62 capitoli, narra le vicende di un aristocratico decaduto e corrotto, Lucio Sergio Catilina, e della sua rivolta per impadronirsi del potere, una volta fallito il suo tentativo di giungervi legalmente (63 a.C.). La terza grande opera storica di Sallustio, le *Storie*, è andata in larga parte perduta, anche se ne restano alcuni interessanti frammenti. Essa, composta da cinque libri, fu redatta dal Nostro dopo la *Guerra contro Giugurta*, quindi nel pieno periodo della sua maturità letteraria. A maggior ragione dobbiamo deplorarne la perdita.

Oltre alle due monografie e alle *Storie*, a Sallustio sono attribuiti altri scritti: 1) un'*Empedoclea*, ossia un poema didascalico sulle dottrine di Pitagora, completamente perduto; 2) un'*Invectiva in Ciceronem*, sorta di breve ma aspro discorso pronunciato in Senato nel 54 a.C. contro Cicerone, accusato per le esecuzioni senza processo dei complici di Catilina, sbeffeggiato per l'origine provinciale e per la non irreprensibile condotta nella vita privata. Pare comunque certo che il discorso non sia attribuibile al nostro Sallustio; 3) delle *Epistulae ad Caesarem*, comprendenti varie raccomandazioni per moralizzare la vita pubblica e riorganizzare lo Stato. Nonostante i pensieri contenuti nelle due lettere siano molto vicini all'autentico Sallustio, sembra che anche questi scritti non siano opera sua.

Scoliaste di Bobbio

Gli *Scholia Bobiensia* sono una raccolta di spiegazioni dotte, i cosiddetti "*Scholia*", su dodici discorsi di Cicerone.

Gli *Scholia Bobiensia* sono stati tramandati su di un palinsesto originariamente conservato nella biblioteca dell'abbazia di San Colombano di Bobbio, nei pressi di Pavia. Una parte del palinsesto ed altri frammenti giunsero alla Biblioteca Ambrosiana di Milano nel 1616, dove furono scoperti dal cardinale e filologo Angelo Mai e pubblicati, sempre a Milano, nel 1814.

Nella Biblioteca Vaticana, che nel 1618 aveva ricevuto anch'essa alcuni manoscritti provenienti a Bobbio, lo stesso Mai ne scoprì presto un'altra sezione e la ripubblicò assieme a quella precedentemente rinvenuta a Milano, nel 1828.

Se Mai inizialmente credeva, anche contro le obiezioni sollevate da B.G. Niebuhr, che si trattasse di una raccolta di commenti di Quinto Asconio Pediano su Cicerone, nei manoscritti, finì per allontanarsi da quest'opinione dopo aver esaminato con attenzione il testo vaticano. Il palinsesto è oggi, sotto la sigla Ambr.E.147 e Vat. Lat. 5750, conservato nelle rispettive biblioteche.

Leo Ziegler fu il primo a intraprendere una nuova lettura sistematica di tutti i frammenti del palinsesto, ma nel 1872 e nel 1873 poté solo portare in stampa le pre-pubblicazioni. Fu seguito da Cornelius Brakman con uno studio di entrambe le parti, mentre Thomas Stangl, da cui proviene l'edizione oggi più citata, esaminò soltanto la parte milanese e la sottopose ad una nuova lettura. Paul Hildebrandt, che aveva conseguito il dottorato proprio sugli *Scholia* ed aveva anche a disposizione un'edizione che è ancora in uso oggi, riuscì ad esaminare attentamente entrambe le sezioni. Gli emendamenti hanno seguito il lavoro di Stangl e Hildebrandt su Cornelius Brakman e David Roy Shackleton Bailey. Franz Ehrle pubblicò una riproduzione fotografica della sezione vaticana nel 1906.

Non sappiamo chi sia l'ignoto commentatore di Cicerone, né è agevole formulare ipotesi convincenti al riguardo, ma la messe di notizie storiche sull'Arpinate e sui rapporti d quest'ultimo con i contemporanei è davvero notevolissima e ci permette di ampliare grandemente le nostre conoscenze sul I sec. a.C.

Terenziano Mauro

Terenziano Mauro visse, a quanto pare assodato, tra la fine del II e l'inizio del III sec. d.C.: nelle sue opere egli accenna infatti a Settimio Sereno e ad Alfio Avito, letterati appartenenti entrambi alla scuola dei *poetae novelli* dell'epoca dell'imperatore Adriano (117-138 d.C.), che dovevano essere di poco a lui anteriori. Il soprannome Mauro fa ritenere che Terenziano fosse originario della provincia africana della Mauretania.

Coltissimo grammatico latino, compose in circa 3000 versi un ampio trattato di prosodia e di metrica, giunto sino a noi incompiuto, e suddiviso in 3 libri o sezioni: *De litteris* (in versi sotadei), *De syllabis* (in tetrametri trocaici ed esametri), *De metris* (in metri vari), seguendo la teoria di Cesio Basso intorno alla derivazione di tutti i metri dal trimetro giambico e dall'esametro dattilico.

Egli conserva nei suoi scritti passi e citazioni di autori più antichi, che senza di lui sarebbero andati irrimediabilmente perduti.

Vincenzo di Beauvais

Vincenzo di Beauvais, o Vincenzo Bellovacense, nacque nel 1190 circa a Boran-sur-Oise, morendo a Beauvais nel 1264. Domenicano, Vincenzo deve la sua fama in special modo allo *Speculum Maius*, considerato come la più vasta tra le enciclopedie dell'Era di Mezzo, un vastissimo insieme di sentenze e di citazioni tratte da autori antichi e medievali, portato a termine tra il 1256 e il 1259.

Dopo aver preso i voti ed aver rivestito l'abito monacale domenicano (1220 circa) a Parigi, dove risiedette dedicandosi alla predicazione e agli studi, fu poi nominato da Luigi IX di Francia lettore per il monastero di Royaumont sull'Oise, insegnando non soltanto la teologia ai giovani monaci, ma anche predicando a corte, nonché compiendo dotte ricerche e infine fungendo da consulente pedagogico per la famiglia reale. A quest'ultimo scopo scrisse, dietro richiesta della regina Margherita, il *De eruditione filiorum regalium* o *De eruditione filiorum nobilium*, composto fra il 1250 e il 1252, opera in cui trattò del metodo di insegnare e di apprendere, della disciplina degli educandi, dell'educazione morale e dell'educazione femminile.

La sua opera più importante, lo *Speculum Maius*, è suddivisa in tre parti: lo *Speculum naturale* (in 32 libri), che offre una visione scientifica dell'universo, inquadrata nel racconto biblico della Creazione, e tratta di Dio, degli angeli, dei demoni, per poi passare alla luce, al firmamento, agli elementi, agli animali, alle piante e, in modo più approfondito, all'uomo; lo *Speculum doctrinale* (in 17 libri), che si fonda sulla tesi secondo la quale l'uomo può elevarsi dall'abisso in cui lo ha precipitato il peccato originale grazie all'aiuto delle scienze e delle arti, delle quali vengono all'uomo fornite le cognizioni generali; lo *Speculum historiale* (in 31 libri), che, in ordine cronologico, offre una storia del mondo dalla Creazione sino all'epoca in cui visse l'Autore (XIII sec. d.C.), specie sotto l'aspetto culturale. La sezione intitolata *Speculum morale*, che tratta di etica e di teologia, non è autentica e fu aggiunta dopo il 1310 da un ignoto autore.

Cronologia ciceroniana

106 a.C., 3 gennaio: nascita di Cicerone

90 a.C. Cicerone veste la toga virile; è presentato a Quinto Muzio Scevola l'Augure, suo primo maestro

89 a.C. Cicerone milita nell'esercito del console Pompeo Strabone

88 a.C. A Roma Cicerone ascolta declamare Fedro e Filone

87 a.C. Muore Scevola l'Augure e Cicerone diviene uditore e allievo del Pontefice Massimo Quinto Muzio Scevola

86 a.C. Cicerone traduce in latino L'*Economico* di Senofonte, i *Fenomeni* di Arato e scrive il *De inventione*

81 a.C. Pronuncia l'orazione *Pro Quinctio*

80 a.C. Verso la fine dell'anno pronuncia la *Pro Roscio Amerino*

79 a.C. Cicerone parte per studi alla volta della Grecia; difesa di Titinia contro Caio Scribonio Curione

77 a.C. Ritorno a Roma; matrimonio con Terenzia

76 a.C. Pronuncia la *Pro Roscio Comoedo*; questura di Cicerone, che entra in carica il 5 dicembre a Lilibeo (Sicilia)

74 a.C. In estate Cicerone rientra a Roma

70 a.C. Viene eletto edile; scrive la *Divinatio in Caecilium*; il 5 agosto pronuncia la prima delle *Verrine*

69 a.C. Cicerone entra in carica con la sua edilità. Indice per tre volte dei giuochi. Compone la *Pro Fonteio* e la *Pro Caecina*

67 a.C. Cicerone eletto pretore; sua figlia Tullia ("Tulliola") si fidanza con Caio Calpurnio Pisone Frugi. Scrive *Pro D. Matrinio* e la *Rogatio Gabinia*

66 a.C. *Pro Cluentio*; *De Fausto Sulla*; *De imperio Cn. Pompei*. Il 28

dicembre pronuncia un'orazione contro gli oligarchi

65 a.C. *Pro C. Orchivio; Pro Q. Gallio; Pro C. Cornelio.* A luglio nasce il figlio Marco; morte del padre di Cicerone

64 a.C. *Pro Q. Mucio Orestino; Pro Fundanio; In toga candida.* A luglio Cicerone viene designato console per l'anno successivo

63 a.C. Consolato di Cicerone (con Caio Antonio Ibrida); pronuncia la *Pro Rabirio*; dal 23 settembre al 5 dicembre: repressione della congiura di Catilina. Composizione delle *Catilinarie*

62 a.C. *Pro Archia* (a luglio); Cicerone compra la casa di Crasso sul Palatino; *Pro Sulla*

60 a.C. Cicerone scrive in greco una *Storia del suo consolato* e il poema latino *De consulatu suo*; a gugno difende in tribunale Quinto Metello Pio Scipione Nasica

59 a.C. Mentre è console Giulio Cesare compone: *Pro Q. Minucio Thermo, Pro C. Antonio Ibrida, Pro Flacco*

58 a.C. Una nuova legge del tribuno Clodio costringe Cicerone all'esilio; l'11 marzo lascia l'Urbe e due giorni dopo la sua casa viene saccheggiata; il 17 aprile è a Brindisi; il 29 aprile sbarca a Durazzo e il 23 maggio si stabilisce a Tessalonica, in Macedonia. Publio Sestio intercede presso Cesare, in Gallia, a favore di Cicerone

57 a.C. Lucio Cotta, in Senato, chiede il ritorno di Cicerone; il 1° maggio un senatoconsulto si esprime a favore del rientro; il 9 luglio anche Pompeo parla in suo favore; il 4 agosto viene votata un'apposita legge in merito. Il 5 agosto Cicerone sbarca a Brindisi ed il 4 settembre è a Roma. Il 29 settembre compone il *De domo sua*

56 a.C. *Pro Sestio; Interrogatio in Vatinium* (11 marzo); *Pro Celio* (4 aprile); Tullia si fidanza con Furio Crassipede; *Sulle province consolari* (fine giugno); *Pro Balbo* (luglio); inizia a comporre

l'autobiografico *De consiliis* (fine anno)

55 a.C. *In Pisonem* (seconda metà di luglio); redazione del *De oratore*

54 a.C. *Pro Plancio*; *Pro Vatinio* (fine agosto); ad ottobre processo di Gabinio ed arringhe di Cicerone; *Pro Rabirio*; *Pro Scauro*

52 a.C. redazione del dialogo *Sulle Leggi* (*De Legibus*)

51 a.C. Cicerone governatore in Cilicia (marzo); battaglia dell'Amano: Cicerone è acclamato *imperator* dalle legioni vittoriose (13 ottobre)

50 a.C. Tullia si fidanza col cesariano Dolabella (matrimonio a luglio); il 24 novembre Cicerone sbarca a Brindisi

49 a.C. Cesare varca il Rubicone e scoppia la guerra civile; il 7 giugno Cicerone si imbarca per raggiungere Pompeo in Grecia

48 a.C. Battaglia di Farsalo (9 agosto): Cesare sbaraglia Pompeo; Cicerone ritorna in Italia

47 a.C. Cicerone divorzia da Terenzia

46 a.C. Cicerone scrive il *Cato*; replica di Cesare attraverso l'*Anticato*; in estate il Nostro redige l'*Orator*

45 a.C. Nasce il figlia di Tullia e Dolabella; morte di Tullia; redazione dell'*Ortensio*

44 a.C. Assassinio di Cesare (15 marzo); pronuncia in Senato le *Filippiche* I-IV contro Marc'Antonio

43 a.C. *Filippiche* V-XIV; il 7 dicembre, a seguito dell'istituzione del II Triumvirato fra Ottaviano, Antonio e Lepido, Cicerone è inserito nella lista dei proscritti e assassinato. La sua testa e le sue mani mozzate vengono barbaramente esposte sui rostri per volere di Marc'Antonio, la cui moglie Fulvia ne trapassa la lingua con uno spillone

SOMMARIO

www.ingramcontent.com/pod-product-compliance
Lightning Source LLC
LaVergne TN
LVHW031435170726
843492LV00010B/3020